解放思想实干兴永

永州财政探究

JIEFANG SIXIANG SHIGAN XINGYONG
YONGZHOU CAIZHENG TANJIU

李清泉◎主编

湘潭大学出版社

前　言

为深入学习贯彻习近平新时代中国特色社会主义思想和党的“十九大”精神，全面落实中央、省委关于推进思想解放的最新要求，根据永州市委“解放思想 实干兴永”大讨论活动安排意见，永州市财政局于2017年8月至2018年2月，开展了为期半年的“解放思想 实干兴永”大讨论活动。活动中，全局干部职工踊跃参与，或研讨，或撰文，展现了财政人心系发展、勇于探索的进取情怀。本次活动共收到170篇文章，通过初评、复评、会审三轮评审，评选出一等奖2篇、二等奖5篇、三等奖7篇、特别奖16篇、优胜奖20篇。为便于可查、可存、可用，我们将其中33篇优秀作品结集出版。这些作品立足财政工作实际，从收入征管、财源建设、党风廉政建设、财政管理、财政改革、财政发展等不同角度，紧紧围绕全面推进“六大战役”和“开放兴市、产业强市”，着力实现“四个提升”，为加快建设创新开放新高地、品质活力新永州献智献策，值得全市财政系统推介和学习。希望全市财政系统广大干部职工以这次活动为契机，进一步解放思想，进一步开拓进取，为建立现代财政制度，谱写永州财政发展新篇章而不懈努力。

艾艳君

2018年11月8日

目 录

改革与创新

绩效与监管

财源与杠杆

改革与创新

GAIGEYUCHUANGXIN

贯彻“十九大”精神
促进永州财政经济发展

艾艳君

党的“十九大”报告提出，要“加快建立现代财政制度，建立权责清晰、财力协调、区域均衡的中央和地方财政关系。建立全面规范透明、标准科学、约束有力的预算制度，全面实施绩效管理。深化税收制度改革，健全地方税体系”。这一论述指明了财政改革方向，明确了财政工作重点。结合我市财政工作，我就贯彻落实党的“十九大”精神谈几点认识。

一、我市财政改革情况

（一）构建规范透明的预算管理机制

基本实现一般公共预算、政府性基金预算、国有资本经营预算、社会保险基金预算“四本预算”的统筹，向一般公共预算转列了5项政府性基金。预决算公开全覆盖，市直所有预算单位（除涉密单位外）的部门预决算和“三公经费”全部公开，财政透明度显著提高。出台市本级财政资金统筹使用指导意见（永政办发〔2017〕14号），取消城建税、教育费附加等6项专项收入专款专用的规定，对行政事业性收费、罚没收入等3项收入实行收支脱钩，政府性债务纳入了预算管理。加强财政存量资金管理，逐步取消财政专户。试编了政府综合财务报告，基本摸清了市县区政府家底。

（二）构建科学有序的收入管理体制

建立了涔天河水库扩建、神华火电等重点项目税收市县分享机制，制定出台重点招商项目税收分享办法，调动了市、县两级抓项目建设和招商引资的积极性。扎实推进减税降费，全面推开“营改增”和资源税改革，落实了增值税税率降档和各类税收优惠政策，取消、停征、暂停和减免101项行政事业性收费和政府性基金。非税收入实行目录清单管理，推行“一站式”收费，依托计算机和网络技术实现非税收入票据电子化管理，严格了收入确认和退付管理，明确了罚没物资处置规程，规范了工程项目收费征缴，财政收费实现阳光操作。

（三）构建运行高效的财政管理机制

按照事权和财权相适应原则，逐步理顺市区财政体制，建立健全了永州经开区、冷水滩高科园财政管理体制，今年启动了市区两级财政体制改革调研，着手进一步完善市区两级财政体制。逐步建立了科学、标准、客观、权威的预算绩效评价体系，启用政府采购专家库信息化系统，财政投资评审机制不断创新，政府购买服务试点扩大，会计行业监管日趋规范化。出台财政工作限时办结办法，加快资金报批、拨付进度，努力提高工作效率。

二、我市财政经济存在的主要问题

（一）经济发展的质量和效益尚需提升

一是产业结构欠优。2016年，全市三次产业结构为20.9∶36.5∶41.7，一产业比重分别高出全国、全省12.3个和9.4个百分点，排全省第二位。二产业比重分别低于全国、全省4个和8.1个百分点，高税负的二产业比重偏低制约了财政收入增长。二是企业规模小。2016年，我市进入全省企业100强（长丰汽车排第51位）、全省民营企业100强（宁远福嘉综环排第88位）的企业均只有1家，上缴税收1亿元以上的企业仅有8户。三是财源结构单一。市本级高度依赖烟草和汽车行业，县区主要依赖房地产业和建筑业。2016 年全市财政总收入占 GDP 比重为 9.6%，分别低于全国、全省 13.3 个和 4.6 个百分点，发展的质量和效益不高。

（二）财政收入规模偏小，收入质量尚需改善

一是财政收入规模总量偏小。2016 年全市财政总收入 150 亿元，排全省第 8 位，比第 9 位的邵阳仅多 9 亿元，比郴州少 86 亿元，比衡阳少 128 亿元。人均财政收入分别低于全国（11077 元）、全省（5909 元）、全省市州平均水平（4824 元）8662 元、3494 元、2409 元，相当于全国的 21.8%、全省的 40.9%、全省市州平均水平的 50%。二是财政收入增速放缓。随着经济发展步入新常态，永州经济增长、财政收入增长出现明显放缓趋势，经济增长率由 2012 年的 11% 回落到 2016 年的 8%，财政收入增速由 2012 年的 23% 回落到 2016 年的 14.3%。三是收入质量有待改善。2017 年 10 月末，全市税收收入占财政总收入比重为 70.4%，低于全省平均水平 2.9 个百分点。其中，市本级 64.9%，县区 72.1%。全市地方收入增量中税收占比 62.9%，低于省考核要求（70%）7.1 个百分点。其中：市本级 4.4%，县区 68.3%。11 个县区中，未达到省考核要求的有 5 个，部分县区还存在虚增财政收入的现象。

（三）财政保障水平较低，财政收支矛盾突出

一是财政支出水平低。近几年财政支出规模稳步扩大，2016 年达 400 亿元，比 2012 年增加了 180 亿元，年均增长 17.1%，基本实现保工资、保运转目标。但人均财政支出水平低，全市人均支出 6501 元，分别低于全国（12795 元）、全省（8446 元）、全省市州平均水平（7588 元）6294 元、1945 元、1087 元。二是财政依赖程度高。2016 年上级各项转移支付占全市财政支出的比重为 74%，金洞管理区高达 95%，在努力争取上级转移支付的同时各级财政需快速提升自身造血功能。三是财政支出矛盾突出。因政策性增加工资、绩效奖等加大了各级财政支出压力，基本医疗和城乡居民基本养老保险、公共文化服务体系建设、精准扶贫等投入大幅度增加，支出规模增长大大超过财力增长。近两年，全市各级财政特别是市本级依赖上级发行的债券资金弥补收支缺口，全市新增债券额度48.13亿元（2016年23.24亿元、2017年24.89亿元），其中市本级增加债券额度10.04亿元。一旦债券资金额度减少或还款压力加大，各级财政将出现赤字。

（四）政府性债务风险加大，资金使用效益有待提升

截至2017年9月底，全市政府性债务余额943.24亿元，其中政府债券余额187.69亿元、融资平台和事业单位债务余额755.54亿元。市本级债务余额346.44亿元，其中政府债券余额46.77亿元、融资平台和事业单位债务余额299.67亿元。债务资金促进了基础设施建设，拉动了永州经济增长。但由于各方面原因，部分重点项目进度偏慢，影响了债务资金的及时使用，资金长期趴在账上，增加了资金利息成本。从全市债务结构看，债务资金大部分用于基础设施等公益项目建设，主要由政府承担还款责任。进入偿债高峰期后，将对各级财政造成很大压力。

三、促进永州财政经济发展主要着力点

（一）突出财源建设，促经济发展

一方面，要想方设法增强造血功能。探索建立市本级产业发展基金，重点培育与创新引领开放崛起发展战略相适应的现代产业体系。精选200－300家特色鲜明、前景良好、竞争能力强、财税贡献潜力大的中小微企业建立财源企业库，采取有力措施给予重点扶持。通过市融资担保公司对财源企业进行贷款担保和融资增信，安排专门资金对金融机构投入财源企业的贷款给予贴息，出台金融机构支持地方经济发展考核奖励办法和政府性资金存放银行业金融机构动态调整政策，引导金融机构活水加快流向实体经济。同时，建立健全市直部门（单位）与财源企业结对帮扶机制，制定财源企业帮扶绩效考核办法，将企业年度新增税收市级分成部分按一定比例奖励给帮扶部门（单位），充分调动部门（单位）

积极性和主动性，加快形成多点支撑的财源新格局。另一方面，要加大向上“跑项争资”力度，增加补助财源。掌握和吃透财政政策，加强与上级部门的衔接，做好项目的前期准备工作，探索建立争取资金考核通报制度，努力争取上级支持。克服省管县财政体制造成的狭隘思维，站在全局高度，主动为县区做好服务和政策指导。

（二）继续加大民生投入，补足经济社会发展的短板

落实以人民为中心的发展思想，充分发挥公共财政职能，做大民生蛋糕。一是全力保障“六大战役”实施，全力支持打赢脱贫攻坚战。积极筹集财政资金，统筹盘活存量资金，发挥财政投入的引导和杠杆作用，加大对“六大战役”特别是脱贫攻坚的保障力度，为“六大战役”提供有力支撑。二是坚持民生兜底与资金统筹相兼顾，加强社会保障、医疗卫生、教育等民生领域的资金保障，尤其要加大城区学位建设投入。三是创新支持方式。积极拓宽 PPP 模式，推进污水处理和垃圾处理项目建设，巩固永州生态优势；鼓励支持民间资本和社会力量申办养老机构，引导社会资金进入教育公共服务领域，补足全市经济社会发展的短板，推进基本服务均等化，进一步缓解发展不平衡、不充分问题。

（三）稳妥推进财政事权等财政管理改革

一是理顺市区财政管理体制。坚持财政管理体制市区统一原则，兼顾地区发展差异，推动市区协调发展。坚持事权与支出责任相适应，明确市区两级事权，理顺权责关系，将直接面向基层的基本公共服务明确为区级事权，减少和规范市区共同财政事权。充分发挥市对区财政管理体制的引导作用，进一步调动市区共同发展经济、培植财源、组织收入的积极性。完善市区收入分配关系，在保障市级履行职责所需财力的前提下，按照“保存量，调增量”的原则逐步实现财力更多地向下倾斜，进一步增强中心城区提供基本公共服务、推动科学发展的能力。二是深化预算绩效管理改革。进一步改进预算绩效评价方式，强化绩效评价结果应用，完善绩效评价结果反馈整改机制、预算绩效评价结果与预算安排结合机制。进一步完善政府采购和财政投资评审等管理办法。三是继续推进预算管理改革。提高预算编制的科学性、准确性，推进财政资金分配公平。继续加大预决算公开力度，进一步细化预算公开内容。进一步优化资金分配拨付流程，加快资金拨付进度，提高工作效率。推进财政资金统筹使用，对财政存量资金实行动态化管理。四是勤俭节约，严控一般性支出。继续严控“三公”经费，规范单位加班补助、餐费补贴、医疗铺底标准。

（四）加强政府性债务管理

贯彻落实中央金融工作会议精神，站在讲政治的高度加强政府性债务管理。要严格按照中央六部委的要求，进一步规范举借融资行为，坚决制止以政府购买服务名义违法违规融资。切实加强融资平台监管，推动融资平台市场化运作，坚决遏制隐性债务增量。规范政府与社会资本方的合作行为。进一步健全制度和机制，对现存债务进行认真清理，分类妥善处置，做好债务风险应急处理预案，确保不发生政府性债务风险。

贯彻落实党的“十九大”精神，永州财政要切实加强党对财政工作的领导，增强“四个意识”、坚定“四个自信”。同时，打造一支能作为、敢担当、高素质、年轻化的财政干部队伍，营造风清气正的干事创业氛围，进一步增强依法理财、科学理财的能力，将党的“十九大”精神转化为财政工作实绩，为全面建成小康永州做出新的贡献。

（市财政局党组书记、局长）

适应新时代
打造高素质专业化财政干部队伍

唐建华

当前，潇湘热土在“创新开放新高地、品质活力新永州”发展战略的指引下，奋力打好“六大战役”，切实抓好“四个提升”，这对财政工作提出了新的要求。如何更好地发挥财政作用，服务全市经济社会发展，是每位财政干部必须深思且要有所作为的重大命题。财政强，则永州兴。强财政，打造高素质专业化的财政干部队伍是最关键的举措。

一、正视我市财政干部队伍建设存在的问题

近年来，我市财政工作有了长足的进步，财政干部服务发展的能力不断增强。但要清醒地认识到，年龄老化、观念陈旧、作风退化、工作定式思维严重等现象客观存在，财政干部队伍存在一些不容忽视的问题。

（一）人才储备不够

高层次、专业化、复合型人才总量不足。硕士干部不多，博士干部难觅。缺少既精通财政业务，又具备宏观视野的综合人才；缺乏能深入研究、能出好思路、能转化成果的专业人才。同时，干部内部轮岗少、外部交流难，新生力量成长慢，中层干部有断层风险。

（二）学习氛围不浓

干部年龄结构偏大，知识折旧和凭经验办事问题突出，干部队伍本

领恐慌、能力危机未得到充分化解。对财政业务缺乏钻劲，深入调查研究、解决实际问题少，理论联系实践不紧密，守摊思想重，平庸之风日盛。

（三）创新能力不足

财政干部工作任务重、节奏快、负荷满、压力大，面对复杂局面，处理复杂问题，习惯于在“是”与“非”，“行”与“否”之间简单抉择，工作缺乏深度；面对财政改革发展的新情况、新问题，视野不开阔，循规有余而新意不足。

（四）服务意识不强

有的宗旨观念淡化，服务水平不够强，服务效率不够高，“事难办、办事难”问题没有完全解决；有的思想不够解放，习惯于分资金、管项目、搞审批，作风漂浮，忙于应付，影响了财政形象。

二、高素质和专业化是财政干部队伍建设的新坐标

党的“十九大”提出，“建设高素质专业化干部队伍”，对新时代好干部标准提出了更高要求，这为加强财政干部队伍建设提供了根本遵循。

（一）高素质就是要把政治素质放在首位

要加强政治学习、增强政治修养、提高政治素质，牢固树立“四个意识”和“四个自信”，对党忠诚，听党指挥；要学深、悟透、弄通“十九大”精神和新时代中国特色社会主义思想，学习习近平总书记系列重要讲话，积极践行蕴含其中的深刻内涵和科学方法，贯彻落实财政政策和财税改革部署，发挥财政国家治理的基础和重要支柱作用。

（二）专业化就是要增强干事创业的本领

要增强学习研究本领，建立科学合理的知识结构，努力成为理财高手；要增强改革创新本领，善于运用党的科学理论和财政运行规律指导工作，推动建立现代财政制度；要增强服务发展本领，夯实财源基础，争取上级支持，拓宽投融资渠道，保障经济社会发展；要增强依法行政

本领，贯彻落实《预算法》，提高资金使用效益；要增强狠抓落实本领，发扬“钉钉子”精神，马上就办、办就办好；要增强廉洁从政本领，时刻绷紧廉政弦，常思贪欲之害，常拒不义之财，常敲警示之钟。

三、“五位一体”抓好财政干部队伍建设

加强财政干部队伍建设，增强财政工作软实力，是一项艰巨复杂的系统工程，必须统筹谋划、协调推进。

（一）在学习激励上抓创新

探索建立专业化机关干部任职资格管理制度，将干部任用、评优、提拔与学习情况和专业技能情况挂钩，促进干部职工把精力真正放在学习提高上，做到学习工作化、工作学习化。推进常态化集中学习，邀请财经专家或领导干部开设“财政大讲堂”，提高财政干部解决问题、化解难题的能力。规范单位干部职工参加学历教育费用报销管理，鼓励财政干部通过在职教育提高工作能力和服务水平。

（二）在能力建设上出实招

根据干部队伍发展和成长规律，研究制定我市高素质专业化财政干部队伍能力建设框架，为干部录用、竞争上岗、培训等提供依据。根据财政改革发展趋势，依托全国各地财经院校和研究机构，组织开展特色脱产培训，推进学习培训常态化。完善财政干部流动机制，定期进行内部轮岗交流，积极向上级财政部门推荐跟班人员，向基层一线选送年轻干部，以拓宽工作视野、丰富工作阅历。

（三）在干部管理上严要求

坚持正确用人导向，以真才实学衡量人、识别人，在工作实践中锻炼人、检验人，大胆启用理论功底好、实践经验丰富、有开拓精神和有事业心的优秀干部。健全岗责体系，科学设定岗位，细化岗位职责和工作规范，以岗定人，人岗适配，人尽其才。严格考勤考绩制度，改进岗位责任制考评办法，建立以工作实绩为核心的考核指标体系，推行分级

分类考核，务求考核公正、客观，将考核结果与任用、奖励紧密挂钩。

（四）在作风建设上树形象

严明纪律规矩，深入开展理想信念、法纪观念教育，把作风建设融入日常工作。抓好建章立制，从财政管理、内部控制等方面推进制度创新，让“软建设”成为“硬约束”，用完善的制度管权、管事、管人。对违规违纪行为“零容忍”，将干部职工作风情况纳入年终考核，实行“一票否决”。真抓严管，不走形式，不走过场，直击“庸懒散”，促使全体财政干部真正履行财政办事规程和限时办结承诺。

（五）在财政文化上下功夫

遵循财政文化建设内在要求，努力挖掘永州财政历史文化沉淀，弘扬财政改革发展主旋律，创建具有永州特色的财政文化。深入推进文明单位建设，丰富创建载体，组织开展利于凝聚队伍、具有影响力的创建活动。大力选树先进典型，加大宣传力度，加强跟踪管理，引领财政干部职工积极进取、奋发向上。

（市财政局党组副书记、副局长）

解放思想 破解难题 乘势而上

——为新田跨越发展谱写财政新篇章

肖方英

解放思想、更新观念，既是抢抓机遇、加快发展的先决条件，也是做好新时期财政工作的必然要求。当前，新田正处于决战脱贫攻坚、决胜全面小康的关键时期，我们要积极响应市委和县委开展“解放思想、实干兴永”大讨论活动的号召，强化改革意识，突破发展藩篱，勇于担当责任，充分发挥财政生财、聚财、理财的作用，始终走在解放思想、推进新田跨越发展的前列，以改革补短板，以创新破瓶颈，强化财政保障，争当“六大战役”先锋。

一、以培植财源为切入点，壮大财政实力

新田是国家扶贫开发工作重点县，先天条件不足，交通落后，资源匮乏，十年九旱，经济基础薄弱，发展缓慢。县财政仍然是“保吃饭”财政，财政支出的八成来源于上级财政补助，社会事业的发展对上级财政的依赖过大。尽管近年来财政收入增长较快，但支出因素增长更快，收支矛盾日益突出，保支出、保平衡的压力很大。

如何增加财政收入，促进县域经济发展，是财政部门一直认真思考和积极探索的问题。个人认为，做好新形势下的财政工作，无论是立足当前还是放眼长远，都必须以增收为轴心，把财源建设放在财政工作的突出位置来抓。“卉茂者土必沃，鱼大者水必广”，只有经济发展、财源

丰裕了，财政收入才能持续快速增长，财政保障能力才能不断增强。

今后，要逐步减少对中央和省财政的依赖度，发扬“南有新田、奋勇争先”精神，做大做强县域经济，千方百计厚植财源、涵养财源、壮大财源。一是为“园区升级”战役做好财政支撑。要加强资金扶持，着力形成家私、富硒、机械制造三大主导产业和以新材料、生物制药为主的新兴产业齐头并进的发展大格局。二是支持发展硒锶农业。积极支持富硒特色农产品的深加工和富锶矿泉水的开发利用等工作，打响“富硒之乡·南有新田”品牌。三是做好土地文章。推动土地节约集约化利用，争取更多的土地发展指标，加强国有土地经营管理，做大做强土地收入。四是升温旅游业。支持中农批现代农旅小镇和东方园林全域旅游等重要项目，以融入全域旅游区为契机，做活现代服务业。五是推进重点项目建设，积极拓宽筹资渠道，加快推进以“六大战役”为重点的重大项目建设，着力打造新的财源增长点，增强新田经济发展的硬实力。

二、以提高质量为主攻点，做好“收入”蛋糕

目前，我国经济发展步入新常态，财政收入也由高速增长转为中低速增长。新田财政收入自 2011 年以来连续 6 年保持高位增长，拉高了收入基数，给财政收入持续较快增长带来了很大难度。一方面，“营改增”后企业税负降低，部分税收起征点提高，一大批行政事业性收费项目陆续取消、停征或降低收费标准，这些降税清费政策，直接减少了财税收入；另一方面，经济下行压力加大，重点项目建设进度慢，财源培植成效仍未显现，支柱骨干税源缺乏，主体税种增速放缓，难以支撑全县税收收入的快速增长。

在新的形势下，我们一定要有清醒的认识，主动调整思路，积极做好新常态下的收入工作。财政收入一看规模，二看质量，没有质量的收入是不可持续的，财政应该走的是一条稳中求进、稳中提质的可持续发展路子。各级领导应该解放思想，树立正确的政绩观，以“功成不必在我，建功必须有我”的胸襟，遵循发展规律，根据本地经济发展的实际

情况，制定切实可行的收入目标，淡化对财政收入增长率的考核，增设收入质量改善指标。要克服财政收入“速度情结”，防止涸泽而渔，树立质量发展理念，把财政收入的增长建立在经济发展、挖掘税收增收潜力上面和制止税收“跑冒滴漏”上面。

新田要实现全面小康的目标，就要求我们紧紧抓住发展这个第一要务，在加大扶持培育新的财源增长点的同时，依法依规加强收入征管，坚持实事求是、应收尽收，既不收“过头税”、寅吃卯粮，也不越权减、免、缓征收入，严禁列收列支等“空转”行为，有效降低非税收入占比，提高财政收入质量，实现经济与财政良性互动，在经济发展的基础上实现财政持续增收、稳定增长。

三、以优化结构为关键点，提高资金效益

财政的发展，既要着眼于把财政收入这块“蛋糕”做大，也要把财政支出这块“蛋糕”切好。近年来，新田县财政支出总量由 2012 年的 12.8 亿元增加到 2016 年的 23.27 亿元，年均增长 16.1%，2016 年财政支出是 2012 年财政支出的 1.8 倍。这是因为随着经济的发展，城乡基础设施和社会事业建设资金需求快速增长，民生政策不断扩面提标，人员工资津补贴支出逐年加大，政府债券还本付息支出大幅增加。

面对财政收入步入中低速增长新常态，而财政刚性支出迅猛攀升的现状，我们要从调整优化支出结构、提高财政资金使用绩效等方面寻找对策，把好钢用在刀刃上，让有限的资金发挥出最大效力。

优化支出结构要“有所为，有所不为”。我县始终把民生事业放在财政保障的首位，资金预算优先安排民生，资金调度优先保障民生，2016 年民生民本支出达到 19.49 亿元，占财政总支出比率高达 83.77%，超过全省平均水平 14 个百分点，凸显了民生为本的“民生财政”。

今后，我们要继承好的传统，更要进一步解放思想，改革创新，在财政支出上“有保有压”，努力缓解收支矛盾。一是兜牢民生底线。财政资金继续向脱贫攻坚、教育、医疗、社会保障等民生领域和薄弱环节

倾斜，特别是把脱贫攻坚作为第一民生工程来优先保障，在加大财政投入的基础上，积极支持拓宽融资渠道，着力破解脱贫攻坚资金难题。二是降低行政成本。牢固树立过紧日子的思想，厉行勤俭节约、防止铺张浪费，不断深化部门预算、国库集中支付、政府采购、“收支两条线”等制度改革，严格控制一般性支出和“三公经费”。三是创新投入方式。用好用活财政资金，充分发挥财政资金“四两拨千斤”作用，对公共基础设施、公共服务和扶贫开发等，可以通过 PPP、投资基金、政府购买服务等方式引导社会资本投入。在防范风险的基础上，合理举债，“借鸡生蛋”，以撬动全县经济的增长。四是整合财政资源。去年以来，我县积极开展涉农资金统筹整合工作，做到“应整尽整”，截至目前共整合涉农资金 2.95 亿元。我们要进一步淡化专项资金“专款专用”概念，按照新政策实现整合涉农资金大类间打通、跨类别使用，有效发挥涉农资金投入的整体合力和综合效益。五是盘活存量资金。将结余结转与预算编制直接挂钩，从源头上控制结余结转资金规模，盘活沉淀的存量资金统筹用于发展急需的重点领域和薄弱环节。六是抓实监督促绩效。今年，县财政与有关部门派出联合检查组，对多个县直单位进行了财税大检查，共涉及资金 22.35 亿，对各单位的财务收支、年初预算执行、专项资金使用、协税护税等情况进行了彻底的检查与清理，进一步规范了资金管理，提高了财政资金使用绩效。今后，我们要再接再厉，使财政监督检查常态化，还要进一步强化预算绩效管理，扩大绩效评价范围，全面构建预算编制同步监督、预算执行动态监控、资金使用跟踪问效和监督成果综合运用长效机制。

四、以规范管理为着力点，强化制度约束

近年来，我县的财政管理不断规范，预算的体制机制不断完善。但仍然存在着一些不容忽视的问题，主要表现在两个方面：一是预算执行方面，部分预算单位的支出不按预算走、乱支乱用，执行中追加支出频繁、追加程序不规范，追加一般性支出项目较多，花钱无计划等问题还

比较突出。二是投资评审方面，部分项目单位对送审预结算质量把控不严，前期工作不到位，施工过程监管不负责，增量增项多，签证随意性大，工程资料不完善等，造成送审造价出现重大偏差，导致评审工作量大大增加，严重影响评审效率，使评审工作处于盲目、被动的局面。

针对这些问题，我们予以高度重视，深入分析原因，并以规范运行的管理制度为切入点，强化制度约束。今年来，我们出台了《关于进一步加强和完善财政工作的实施意见》，该实施意见对强化预算约束刚性、严格经费追加程序、加强专项资金管理、简化资金拨付程序、加大政府投资项目控管等方面的工作作出了严格的规定。

在预算执行方面，坚持先有预算、后有支出的原则，县财政原则上不临时追加部门预算经费，确需追加支出预算的，严格按规定程序申请事前报批，严禁先支出后找财政买单的行为发生。通过约束，随意申请追加预算的行为得到进一步遏制，预算追加规模有效压缩。

在政府投资项目控管方面，把好项目送审的预结算质量关，控制项目投资规模，严控超概算和超预算支出。针对部分项目单位预算申报严重失实等问题，进一步强化了项目单位的主体责任，对预（结）算申报金额超过规定限额的单位，严格落实处罚约束措施，有效地规范了项目预算申报行为。

五、以理顺关系为连接点，加强市县互动

我省自2010年起推行了“省直管县”财政体制改革，作为一项立意在扩权强县、加快县域经济发展的改革措施，它对于规范省县之间财政关系、提高财政运行效率具有积极意义，并取得了良好成效。但是，在实际运行过程中，“省管县”财政体制也给各级财政带来了一些新的矛盾和问题。

“省直管县”改革前，市级财政部门积极组织带领县区向上反映特殊困难，争取到不少政策和资金支持。改革后，有的人认为市级财政与县级财政地位对等了，是“兄弟”关系了，县区的发展与市级财政的责

任和利益关系不大，从而导致市级财政不愿管县，对县级财政的运转不再投入过多的精力。而县域经济的发展、县级财政的困难和存在问题的解决都主要由县级财政单打独斗，使县区常常感到孤立无援。同时，市县之间因无资金往来，联系相对较少，因市县互动不力，沟通不畅，给工作带来诸多不便。

要解决这些矛盾，个人认为，要加强市级财政与县级财政的互动，牢固树立全市财政“一盘棋”意识。

一是县财政要加强对市财政的汇报和对接。尽管市级与县级在财政体制上相互独立，但不可否认的是，二者仍是一个完整统一的行政区域，有着休戚相关的利益关系。市与县经济联系千丝万缕，县级财政应该加大对市财政的沟通汇报力度，注重信息共享，强化工作对接，积极向市财政部门汇报和反映县域经济发展以及财政管理与资金运作情况，争取市财政的理解和支持。

二是市财政要加大对县财政的指导和“帮、带”。市级财政的宏观管理职能还是覆盖全市的，市级财政应充分发挥财政的宏观调控作用，继续加强对县的财政收支、财政政策以及综合性工作的业务指导。同时，县级财政的许多实际困难和问题还需要市向省反映，相对而言市财政的管理能力、政策水平较县级高，有必要发挥其桥梁与指导的“帮、带”作用，积极协助县区争取上级更多的项目和资金支持，形成统一行动、合力争取的良好格局，加快推进市县收入共赢互进和区域经济协调发展。

三是建立市对县区财政工作的综合考核机制。将财政收入、税收占比指标、重大财政经济政策落实落地等方面指标进行科学合理的考核。可以加强全市财政系统的经验交流，推介交流各地改革创新的新鲜经验，统一研究部署下一阶段的工作。通过这些措施，搭建好上下互动的平台，使全市财政工作得到共同的进步。

六、以创先争优为突破点，树立财政形象

财政干部队伍历来素质较好、作风过硬、工作辛苦，凝聚力、战斗

力较强。但在部分干部职工中也存在以下几个方面的问题：一是缺乏进取精神，没有激情。这种现象在财政系统广大干部职工中有不同程度的存在，面临各种矛盾的压力和挑战，没有只争朝夕的紧迫感，开展工作不主动，只满足于交差应付。二是缺乏胆识和魄力，担当不够。有些财政干部干工作不敢迈大步子，不敢闯新路子，生怕多担责、办错事、遭批评，不求有功、但求无过，碰到问题就推、有了矛盾就交，患得患失、缩手缩脚。三是缺乏发展意识，自我满足。很多财政干部满足于固有的工作成绩，没有远见卓识。总是小进即满、安于现状、抱残守缺。四是工作因循守旧，故步自封。有的干部守着过去几年甚至十几年的工作经验和做法不放，不习惯接受新观念和新事物，缺少改革创新的意识、勇气和办法。

以上这些显然是与新田实施赶超跨越发展极不相符的。为此，必须进一步解放思想，消除思维方式上的“旧”、改革创新上的“怕”、干事创业上的“懒”，时刻保持奋发有为、昂扬向上、务实高效的精神状态，扎实推进各项工作。要通过解放思想大讨论，树立五种意识：一是要树立发展意识。在经济的发展不进则退、时不我待的现实面前，全体财政干部必须增强加快发展的紧迫感和责任感，始终以经济发展作为第一要务，用实打实的工作业绩来说话。二是要树立创新意识。财政干部必须解决封闭僵化的工作作风，敢于突破常规思维和做法，牢固树立有新作为、大作为思想，切实将创优争先的意识渗透到财政管理的各个领域，确保工作时常有新的起色和新的亮点。三是要树立拼搏意识。财政干部要在工作中时刻保持拼搏进取的精神状态，拿出一股敢为人先、艰苦奋斗的工作作风，始终保持信心和斗志，对标先进、比学赶超、锐意进取、不断突破。四是要树立担当意识。关键时刻站得出来，危急关头豁得出去，遇到困难往前站，面对任务不推诿，不断强化使命感，夯实收入责任、明晰支出责任、落实主体责任，以钉钉子的精神落实财政责任担当。五是要树立服务意识。服务是财政的重要职责，各股室一定要强化主动服务意识，转被动服务为主动服务，与各部门单位加强沟通协调，把

“首问责任制”“一次性告知制”和“三天办结制”等服务举措贯穿到工作上的各个环节，杜绝“门难进、脸难看、事难办”的现象，强化和规范投资评审、政府采购、国库支付中心等窗口部门服务职能。

加快发展无止境，解放思想无终点。站在发展新起点，我们要紧扣“创新引领，开放崛起”的战略要求，牢固树立创新、协调、绿色、开放、共享发展理念，结合财政工作实际，全力以赴支持稳增长、促改革、调结构、惠民生、防风险各项工作，坚定信心、克服困难、改革创新、开源节流，努力做好财政工作，为新田的跨越发展提供坚实的财力保障，以更加优异的成绩迎接党的“十九大”胜利召开！

（新田县财政局党组书记、局长）

对我局财政信息化发展的几点思考

张志海

近年来，按照省财政厅的统一部署，我局以实施财政信息化建设“三年行动计划”为契机，大力推进财政信息化建设，信息化基础设施得到明显改善，财政信息系统得到较广泛应用。随着我市财政改革的不断深入，对信息化的新需求不断出现，加快我局财政信息化发展迫在眉睫。

一、我局财政信息化发展状况及主要问题

1999 年，财政部开始规划建立“政府财政管理信息系统”，并在 2001 年下半年开始试点。2002 年，国务院将“政府财政管理信息系统”定名为“金财工程”，列为国家电子政务“十二金”工程之一。为加快全省“金财工程”建设，2010 年 10 月，省财政厅实施了财政信息化建设“三年行动计划”。在“三年行动计划”中，我局累计投入 600 多万元，建立了标准化机房，搭建了比较完善的财政专网，上线运行了 13 个业务应用系统，基本保障了财政管理现有业务需求。但长期以来，由于受多种因素影响，我局财政信息化发展存在不少突出问题，主要表现在以下五个方面：

一是信息化建设缺乏整体规划性。一直以来，由于财政信息网络技术不够成熟，加之受财政改革的渐次性、阶段性制约和建设资金投入不足等因素影响，我局没有对信息化建设实行统筹规划，基本上由各科室

按照省厅对口处室要求进行自建，从未考虑统一信息系统的业务要求、技术标准、数据规范、交换机制等核心要素，导致无法建立跨层级、跨系统的数据贯通通道，上级管理要求无法便捷贯彻，下级数据难以快捷汇集。这种分建分管模式无法适应财政管理的整体性、全局性要求。

二是应用系统没有形成完整闭环。过去，由于我局财政信息化工作没有实行归口管理，各个应用系统建设基本上采取“谁管业务、谁提需求、谁用系统”的建设方式，业务科室主导应用系统建设，信息技术部门的话语权少；建成的应用系统大多数定位于对单项财政业务的支撑，由不同的软件公司开发，系统自成体系，信息孤岛和碎片化问题突出。核心业务流程没有形成完整闭环，预算、执行、决算三个生产环节未实现有序联动和及时反馈，监督、绩效两个优化环节与生产环节无法有效衔接，导致信息系统无法完整反映财政资金来龙去脉，不能有效监控财政资金运行的全过程。

三是信息数据综合利用水平低下。我局财政信息化发展至今，各应用系统生成并积累了大量的信息数据。由于我局各应用系统间相互割裂，导致这些数据资源分散沉淀在各个系统内，层级间不能贯通、系统外难以共享，无法实现数据资源的汇聚和采集，数据资源的综合应用分析几乎为零。上线运行的应用系统基本停留在支撑某项业务办理、实现单项工作管理的层面上，为领导者提供决策分析的应用系统和为社会公众提供公共服务的应用系统建设滞后，无法满足领导者的决策应用需求，也不能满足人民群众办事便捷的要求。

四是财政信息专网安全形势严峻。目前，我局的财政业务专网上联省财政厅，下联 13 个县区（管理区）财政局，横联市直 180 多个预算单位和 6 家银行，接入财政专网的用户多、地点分散，连接的终端设备多达 500 余台（套），安全管理难度非常大。而且专网接入用户的使用者绝大多数是网络信息技术的“门外汉”，信息安全意识低下，违背信息安全管理要求的流程操作时有发生。加之，我局信息科技术力量严重不足，仅有 1 名技术人员；网络信息安全总体策略不完善，信息系统安全等级保护级别偏低，信息系统“两活一备”等容灾建设不到位，安全应急处理能力不足，网络信息安全形势堪忧。

五是对信息化建设资金监管粗放。近年来，随着网络信息技术的快速发展，各行政事业单位对信息化建设的需求越来越强，要求财政资金投入越来越多。由于信息化建设的技术性、特殊性、专业性强，建设方式的不同、设备型号和技术标准的不同、集成模式的不同，均能让项目建设资金投入相差巨大。目前，我局没有对信息化建设资金实行归口管理，对市直单位的信息化建设项目资金需求，基本上由对口业务科室提出资金安排意见。而业务科室对网络信息技术不了解，无法对市直单位信息化建设项目提出科学合理的资金安排意见，容易导致信息化项目重复建设、信息化设备高价低配现象发生，浪费了宝贵的财政资金，增加了财政负担。

二、现阶段财政信息化的需求分析

当前，新一轮信息革命正引领人类从工业文明加速向信息文明转型，全面影响和重塑经济运行、社会发展、国家治理、人民生活各个领域，信息化已成为通往现代治理之路必不可少的重要依托，财政信息化要适应形势发展需要。

一要适应电子政务加快发展的需要。当前，“互联网 +”日渐成为主流，互联网新技术不断涌现，主要特征是移动应用、云计算、大数据和物联网，本质是智慧技术，机制是颠覆传统商业逻辑、组织逻辑、行政逻辑，建立新逻辑。随着“互联网 + 政务服务”相关工作的大力推进，财政信息化发展必将逐步从以流程为中心向以数据为中心转化。财政信息化建设要适应电子政务发展需要，就必须加大对财政内外部数据深入、多维、实时的挖掘和分析，以满足宏观决策和公共服务的需求，推动财政信息化向“智慧财政”进化。

二要适应财政改革不断深化的需要。党的十八届三中全会将财政定位为国家治理的基础和重要支柱，要求深化财税体制改革，建立现代财政制度；随着改革的不断深入，现代财政理念已深入人心。新《预算法》明确提出建立全面规范、公开透明的预算制度，对预算编制、执行、监督、公开等预算管理提出了新的要求；同时，社会公众的法制意识不断增强，对财政信息公开的要求越发迫切。无论是建立现代财政制度，还是加大财政信息公开，信息技术是关键基础和重要手段，需要加快财政信息化发展来保障财政改革的深入推进。

三是适应上级财政工作新部署需要。2016 年 6 月，财政部召开全国财政信息化工作会议，提出全国地方财政信息化建设要通过“五统一”，即统一基础数据规范、统一财政业务数据标准存储、统一应用支撑平台总账结构、统一纵向层级交换机制、统一信息安全体系，形成“横向一体化、纵向集中化、全国系统化”的财政信息化发展格局。今年 3 月 27 日，省委书记、省人大常委会主任杜家毫批示“省财政厅要加快推进财政系统信息化建设步伐，建设‘电子财政厅’，确保每一笔资金走向都能监管到位”。为贯彻财政部工作部署和家毫书记批示精神，省财政厅决定启动“电子财政厅”项目建设，用三年时间，以建设财政一体化系统和财政数据中心为核心，在省、市两级集中部署规范、统一、高效、可控的信息化应用体系和数据中心。可以说，上级财政部门对加快财政信息化发展，形成了高度一致的认识。

四是适应永州财政不断发展的需要。我局财政信息化发展至今，经历了服务个人工作处理、服务科室业务办理、服务一级财政管理的三个阶段，目前上线运行的 13 个应用系统，仅服务于一些主要财政业务的处理，功能单一。随着经济社会的不断发展，我局这种功能单一的财政信息化已不能满足财政管理需要，急需不断丰富其服务功能，要从当前简单地为财政业务处理提供流程支撑，扩充到为资金监管提供有效手段、为领导决策提供科学依据、为社会公众提供便捷服务上来，努力形成业务流程规范高效、资金运行监管到位、辅助决策及时有效、提供公共服务全面的新型财政信息化，加快财政信息化发展。

三、加快我局财政信息化发展的有关思路

（一）加快推进财政信息一体化。无论是财政部“五统一”“三化”信息化建设总体思路，还是省厅的“电子财政厅”建设要求，都围绕着财政信息一体化这个核心。为此，我局要从规划入手，对市本级（含所辖区）财政信息化的统一核心要素建设、统一信息资源整合、统一核心业务建设等工作进行整体规划，加快推进基于应用支撑平台 2.0 的一体化系统建设，积极推进现有专项业务系统的整合归并，尽快解决系统碎片化和信息孤岛问题。

（二）加强信息化建设统建统管。为推进财政信息系统一体化建设，财政部决定“将财政部信息化工作统一归口财政部信息网络中心管理，建立技术部门建设管理、业务部门全程参与、业务和技术深度融合的信息化工作机制”。省厅也明确指出，对信息化建设工作实行统一归口管理，做到“一个口子进一个口子出”，各业务处室不再部署建设信息化项目。为此，我局应按照财政部和省厅的要求，进一步强化信息科对信息化建设的统建统管作用，所有信息化建设项目由信息科组织实施，相关业务科室全程参与，提出具体业务需求，确保业务与技术深度融合，防止再回到分建分管的老路上去。

（三）加强信息数据资源综合利用。数据是管理价值的体现，是科学决策的依据，数据已成为信息化时代最为宝贵的资产。要想真正发挥财政信息化应有的价值，就需要将数据应用、信息资源整合作为重点，强化财政数据的梳理与深入应用。为此，我们要按照“电子财政厅”建设规划，在推进财政信息一体化的同时，加快建立包含财政内生数据和外部数据两大数据资源的市级数据中心，并开展综合数据查询、专项监管分析、预测及决策支持三类应用，为市本级及所辖区的财政数据共享、综合分析决策和公共服务提供支撑平台。

（四）切实加强信息化安全防控。新架构、新技术、新业务对信息安全、风险防控提出了更高的挑战。财政信息化建设需要从网络安全、

边界安全、应用安全、数据安全和终端安全等维度形成立体防护，通过各种安全管控手段来降低安全风险。为此，我局要认真落实《网络安全法》要求，一方面，加强宣传教育，提高财政专网用户的安全意识，加强应用系统操作培训，规范各个用户的操作流程，减少违规操作现象；另一方面，抓好安全加固建设，按法律规定要求每年开展一次信息安全测评，及时找出信息网络的安全漏洞和隐患，有针对性地进行安全加固，确保财政专网达到安全等级保护三级以上标准；同时，加强容灾建设，坚决落实“两活一备”容灾备份要求，提高财政专网抗风险、抗灾能力。

（五）不断完善信息化保障机制。财政信息化建设顺利推进，离不开各项保障措施和机制的建立，需要从人员保障、资金保障、管理保障等多个方面考虑。在人员保障上，要按照信息系统管理员、系统安全员、系统审计员分离制度（简称“三员”分离）的要求，为信息科再增加2名技术员，加强相互监督，确保信息数据安全管理。在资金保障上，要建立财政信息化建设和运维资金长效投入机制，在保障“电子财政厅”项目建设资金需要的基础上，将财政预算安排的财政信息化运维资金提高到200万元，确保信息系统、网络机房等运维需要。在管理保障上，要进一步健全信息化管理、风险防控、安全运维等相关制度和流程，提升信息化管理水平，保障网络信息安全有序运行。

（六）加强信息化建设资金统管。为加强对市本级信息化建设项目资金的监管，建议借鉴常德市等地的好经验、好做法，对市本级信息化建设项目和资金实行归口统一管理，所有信息化建设项目评审由信息科按照初审、复审的程序组织实施；如建设项目牵涉到装饰或土建工程部分，由市财政投资评审中心负责对该部分内容进行评审。所有信息化项目建设资金由预算科、信息科共同管理，在资金安排和拨付时联合签署意见，确保信息化建设项目评审和资金安排科学合理、规范统一，减少财政资金浪费，减轻财政负担。

（永州市财政局信息科科长）

切实发挥党建引领作用 营造真抓实干良好氛围

唐保国

2017 年 8 月以来，全市财政系统上下掀起“解放思想，实干兴永”大讨论活动。机关党委要以此为契机，主动作为，发挥党建引领、党支部战斗堡垒、党员先锋模范三大作用，努力打造一支作风过硬、勤勉务实、敢于担当的财政干部队伍，大力营造“聚精会神搞建设、一心一意谋发展”的浓厚氛围，推动永州财政实现更宽领域、更高层次、更高水平的发展。

一、正视存在的困难和问题

党的“十八大”以来，党建工作形势喜人，但是也不能盲目乐观，还应清醒地认识到个别支部和少数党员干部中存在的不足。

一是人员老化问题。全局共有党员 178 人，平均年龄 53 岁，40 岁以下的科长无。

二是党建工作主业不突出。党建和业务工作仍然存在“两张皮”“一手硬、一手软”的现象，党建工作“说起来重要，做起来次要，忙起来不要”现象没有得到根本改观。

三是组织生活形式单调、内容庸俗化娱乐化、批评和自我批评还流于形式。

四是党员干部管理“宽、松、软”。

五是党务干部能力低。有的学习不够，不知道抓党务工作；有的存在“等”的思想，工作主动性差；有的照搬照抄，缺乏新思路、新举措。

六是支部工作管理不规范。支部工作手册记录不全、要素不齐，“三会一课”学习不够、流于形式，甚至当成负担，等等。

二、认真履行职责，切实发挥党建引领作用

机关党委要根据党的“十九大”要求，及时调整工作思路、探索新机制新方法，不断加强党的自身建设，以党建促发展，以党建统揽工作全局。

（一）强化作风建设，提高服务质量

新一届班子成立以来，坚持“抓好党建是最大的政绩”的理念，从整顿机关作风、提高工作效率着手，重新修订《永州市财政局办事规程》和《永州市财政局办事规程简表》，安排纪检室每月开展督查通报，进一步加大限时办结力度，局机关作风建设有很大改观，机关党委要及时跟进、认真总结、狠抓落实，要在楼层等醒目的地方张贴警示标语，要加大督查督办力度，确保局机关作风建设有根本性提高。

（二）强化思想引领，提高政治理论水平

要在党员干部的学习上下功夫。局机关党委要拟定年度学习计划和学习书目，充分利用永组在线、永州机关党建、财政局党支部群等渠道，加强学习教育，不断提升机关党员的理论素养，主动对标看齐，着力提振精气神。要坚持“两学一做”常态化制度化，在“学”“做”上深化拓展，引导党员干部把学习教育与贯彻落实“十九大”和省市经济工作会议精神结合起来，与完成财政中心工作结合起来，立足岗位忠诚担当、示范表率。要持续开展“书香机关”读书月活动，教育引导机关党员干部坚定信仰信念，自觉践行社会主义核心价值观，努力营造抓学习、提素质、强能力氛围。要以构建学习型党组织建设为载体，强化大局意识、

强化创新意识、强化制度意识，结合创先争优活动，转变干部作风，切实打造一流基层党组织。

（三）强化创新意识，提升党建意识

要把上级要求与财政工作实际相结合，增强机关党建工作的创造性。机关党建工作必须吃透上情、了解下情，从实际出发，提出针对性强的符合实际的具体要求和工作方法，既有原创性，又有灵活性。要在机关各项工作中突出党组织的核心作用和党员的先锋模范作用，形成机关“党建意识”的良好氛围。要发挥青工委和妇工委作用，积极开展调研活动和有益的拓展活动，切实找问题，提方法，集思广益，共同为永州经济和社会发展出谋划策。

（四）发挥党建领导小组作用

要继续充实完善局党建领导小组，局党组和班子人员必须联系各支部，必须参与双重组织生活，并在支部建设中发挥作用。要牢固树立“党要管党”“党组书记带头管党”的意识，局党组和班子人员必须在支部上党课。要将机关党建工作纳入各支部考试和科室岗位目标责任制考核内容。要加强监督检查，抓好党员干部特别是领导干部执行《党章》《廉政准则》等有关党规党纪和廉洁自律规定的检查监督力度。

三、切实提高党支部贯彻执行政策的能力

充分发挥党组织的“战斗堡垒”作用和共产党员的“先锋模范”作用，是推动财政各项工作顺利开展的前提和保证。要以支部规范建设达标和党建提升年为契机，切实抓好党支部建设。

（一）抓业务培训促提高

我们积极主动，立足抓早，扎扎实实做了三个功课：一是年初机关党委先后到党建工作开展好的市人社局、市国土局、市国税局进行了考察学习；二是机关党委邀请市国税局机关党委专职副书记张波为全体机关党委委员及支部委员介绍了市国税局党建工作的典型经验及成果；三

是先后三次组织机关党委委员、支委委员参加市直工委及局机关党委组织的党建工作培训；四是组织全体机关党委委员、支部委员到市国税局现场观摩，进行了面对面、点对点的学习交流和培训，效果很好。

（二）抓机制完善促提质

我们完善机制，以文辅政，压实责任，先后制定下发了《2017年永州市财政局机关党建工作要点》《2017年永州市财政局机关党支部规范化建设实施方案》《2017年永州市财政局机关理论学习计划》《2017年市财政局党组中心组理论学习计划》《永州市财政局推进“两学一做”学习教育常态化制度化实施方案》等一系列文件，按照局党建工作领导小组办公室的职责分工，认真抓好落实党建工作。在此基础上，我们先后三次举办支部书记、支部委员培训班，把责任压实到支部，落实到党员。5月、6月，我局分两批次组织局机关副科级以上干部和县区财政局局长到上海财大开展了为期一周的“永州市财政系统十八届六中全会专题培训暨财政执行力＋财政业务素质提升班”，取得了较好的效果。

（三）抓日常管理促提标

以“基层建设全面提升年”和“党支部规范化建设年”为契机，严格规范党支部党内政治生活。一是健全相关管理台账，建立党员电子信息库，对党员实施动态跟踪管理；二是按200元/人安排各支部党建经费，鼓励各支部开展形式多样的主题实践活动，充分调动了党员参与党内活动的热情；三是发放《党支部工作手册》《党员手册》《永州市直机关党务工作操作实务》，对党组织换届选举、党费收缴、发展党员、“三会一课”等日常工作提供可参考借鉴的模板。计划年内除老年支部外八个支部规范化建设要全部达标，提前一年完成“支部规范化建设”任务。

（四）抓重点促全面

机关党建必须发挥支部书记、支委委员和优秀党员的作用。一是压实支部书记责任。支部书记在支部班子中处于核心地位，是支部各项工作的直接组织者、指挥者，是支部发挥战斗堡垒作用的关键人，必须履行“一岗双责”。二是选好支委委员。支委委员必须是有担当意识的党员，积极出主意、想办法，全力支持配合支部书记。三是树好先进典型。坚持开展评优评选活动，调动干部的工作积极性，推介先进事迹营造崇尚先进、争当先进、追赶先进的浓厚氛围，使广大干部职工学有目标、干有方向。

四、加强制度建设，狠抓责任落实

要以党支部为单位推进“两学一做”学习教育常态化制度化；以“三会一课”为基本制度，以党支部为单位，以解决问题、发挥作用为基本目标，重点破解理想信念不坚定、党员队伍不纯洁、部分党员素质不高的问题，确保学得深入、做得到位；以党组中心组为龙头带动基层党组织理论学习。要及时调整充实党建领导小组，传导“抓党建是最大政绩”的理念，传导压力和责任，做到党建与财政业务工作两不误、两促进，确保党组中心组理论学习有计划、有专题、有制度、有人员、有记录、有效果。

（一）日常考核经常化

建立了机关党委委员联系机关党支部责任制，实行“一月联系、一季一督查，半年一考核”，主要督查考核以党的组织生活制度为重点的党内基本制度的落实情况、落实机关党建工作要点情况、完成其他党建工作任务情况。

（二）专项考查精准化

把党支部书记抓机关党建述职评议工作作为落实机关党建责任的有力抓手，抓紧抓实抓出成效。既要总结工作，为述职者准确“画像”，又要指出不足，敢于直陈问题；对各支部规范化建设进行实时跟踪，对党支部规范化标准的内容逐步进行细化，量化为 5 个方面 20 项考核指标。

（三）党群共建制度化

机关党委要求各支部积极支持机关工会、共青团、妇联、关工委等群团组织依照法律和章程开展工作，建立健全党建带群建的各项制度，做到党群工作同谋划、同部署、同检查、同落实，形成“党带群团、一体共建、互促共进”的工作格局。要重视青年、重用青年，为他们搭建平台，激发活力。平台活动多了，机关人气旺了，活力也就更足了。

（永州市财政局机关党委专职副书记）

“解放思想 实干兴永”的关键是“干”

欧阳小平

全面贯彻落实党的“十九大”精神，实现全面建成小康社会的宏伟目标，必须进一步解放思想，改革创新，以新一轮思想大解放推动永州新一轮大发展。当前，永州正处于孕育突破、提速发力的关键时期，为打好市委提出的“城镇提质、交通提速、园区升级、旅游升温、环境治理、脱贫攻坚”六大战役，必须进一步解放思想，用新的思想、新的眼光、新的行动，真抓实干，全力推进永州经济社会跨越发展。

一、解放思想，对于正在排难奋进的永州市来说，显得尤为重要和迫切

从一定意义上说，发展的差距体现了思想观念的差距。永州市长期处于“欠发达”状态，在很大程度上就“欠”在思想不够解放上。眼界不够宽、思路不够广，严重制约了永州市经济社会发展。一些在先进城市早已施行并取得明显成果的改革举措，永州市却还在争论和犹豫。

越是科学发展，越要解放思想，思想解放的程度决定科学发展的成效。建设品质活力永州是一项全新的事业，不能总是跟在别人后面亦步亦趋，更不能只是手捧蓝图而不抓落实。必须进一步开阔视野，善于从全局的高度谋划自身发展；必须进一步转变观念、转变思路，深入研究如何扬长避短，善于用创新举措破解发展难题。

当前，面对经济发展新常态，更要按照中央决策部署，谋非常之事、

行非常之举、求非常之效。只有不断解放思想、大胆突破常规，才能开辟出化危为机的新路子，实现保增长、保民生、保稳定的目标。

二、解放思想不能只停在纸上、挂在嘴上，必须落实到埋头实干的行动中

思想解放的“火花”，往往在埋头实干中迸发；解决问题的对策，只有在埋头实干中才能找到。正如毛泽东同志所说，“只是冥思苦索地‘想办法’‘打主意’……这是一定不能想出什么好办法，打出什么好主意的”。

大多数观点认为，只有在埋头实干中才能得到统一。对待新事物、新情况、新问题，人们的认识总会有所差异，只有通过干、在干的过程中甚至在干出成绩之后才能逐步统一认识。如果只是坐而论道，陷入无休止的争论，不仅办不成事情，而且连认识问题也解决不了。

三、在进一步解放思想中凝聚真抓实干的合力

解放思想始终是推动我们事业前进的动力源泉。实践证明，每一次大发展都伴随着一次思想的大解放，每一次思想的大解放都促进了社会的大进步。近年来，永州经济快速发展、老百姓生活水平明显提高，得益于解放思想、改革创新；华为云、北斗导航等项目的成功引进，得益于解放思想、改革创新。可以说，解放思想非常实在、非常具体。

当前，慢进则退是我们最大的难题，加快发展是我们最大的任务，跨越崛起是我们最大的使命，这就需要在更高层次、更深程度、更广领域解放思想，努力做到“五破五立”，即破除没有文件规定不敢做、有了规定等等看的“小脚老太”的保守僵化思想，树立大胆试、大胆闯，敢于先行先试的开拓精神；破除认为坚持原则会吃亏，怕得罪人、怕丢选票，该抓的不抓、该管的不管的“和稀泥”思想，树立敢于碰硬的担当精神；破除碰到矛盾就上交，遇到困难绕道走的畏难思想，树立直面挑战、攻坚克难、排难而进的“亮剑”精神；破除部门利益至上，推诿扯皮，没有好处就躲、有好处就争的狭隘思想，树立讲协作、顾大局的团队精神；破除小

进即止、小富即安、小成即满的小农思想，树立永不自满、永不懈怠的进取精神。当前，尤其要破除“等、靠、要”的观念，不能一谈发展就要钱、要物、要项目，而应做到敢闯敢试、敢为人先。只有思想统一、步调一致，才能形成强大合力，才能攻坚克难、办成大事。因此，必须把思想统一到市委决策部署上来，心往一处想、劲往一处使、拧成一股绳，在全市形成勇争第一、舍我其谁的气魄和胆识，齐心协力迈出实干兴永新步伐。

四、在进一步解放思想中增强真抓实干的成效

加快发展无止境，解放思想无终点。新的发展阶段，我们要坚持在解放思想、真抓实干中进一步创新发展思路、破解发展难题、强化发展动力，开创工作新局面。

一是围绕“干什么”创新发展思路。思路决定出路，解放思想最直接的成果就是发展思路的创新。以党中央全会精神为指导，着眼于永州实际，进一步提出了“打造创新开放新高地，建设品质活力新永州”的发展思路。当前，必须按照决胜全面建成小康社会的要求，在发展速度上争先、在发展质量上赶超，大胆地闯、大胆地冒、大胆地试，善当改革创新的“探路者”。

二是围绕“怎么干”破解发展难题。解放思想最终是要落实到破解发展难题、推进发展上。

三是围绕“如何干成”强化发展动力。体制机制问题是全局性的大事。采取强有力的措施，全面破除束缚发展的体制障碍，坚决打破传统固化的利益格局，着力构建充满活力、富有效率、有利于跨越赶超的体制机制。始终坚持敢于先行先试，不断深化政府职能改革，积极推进财政体制改革。在扩权强镇、土地流转、创业就业等方面创新制度，构建城乡和谐发展的制度体系。继续创新社会管理模式，完善综治维稳信访工作网格化管理机制，提升群众安全感和满意度。强化合作共赢的观念，按照科学发展的理念，全力为长丰集团、华为公司、神斧集团等驻市企业做大做强创造良好发展环境。以更加宽广的胸怀参与对外竞争和合作，

以大开放促进大发展。

五、在进一步解放思想中强化真抓实干的保障

解放思想，善谋实干，关键在人，关键在干部。要按照市委“实干兴永”的要求，心无旁骛，始终不渝地以干为先、以干为重，敢干实干巧干，以等不起、慢不得、坐不住的紧迫感去干事创业。

一是以抓铁有痕的作风促实干。良好的作风是我们干好事业的源泉。全面贯彻落实中央“八项规定”，反对“四风”，戒骄、戒空、戒虚、戒奢，切实做到有令则行、有禁则止。全面落实党风廉政建设责任制，营造风正、气顺、心齐的政治生态，使各级干部把心思用在干事创业上，把精力投入到改革发展中，以“踏石留印、抓铁有痕”的作风，完成好每一项任务，实现好每一个目标，推动我们事业的发展。

二是以敢于担当的精神促实干。解放思想，必须要敢于担当。对于应该做的事、顶着压力也要干，对于应负的责任、迎着风险也要担。把解放思想的课堂搬到改革发展的一线去、搬到重大项目建设的现场去、搬到工作难以打开局面的地方去，在实践中发现问题，总结经验，破解难题，推动工作落实，切实把解放思想的过程转变为加快发展、科学发展的实践行动，始终做到在大事面前敢拼，在难事面前敢冲，在新事面前敢试，在急事面前敢扛，成为攻坚克难的先锋。

三是以持续有效的执行力促实干。执行力就是生命力、竞争力和发展力。继续强化“没有任何借口”“少说多做看结果”的工作理念，提振精气神，狠抓落实。严格按照习总书记“信念坚定、为民服务、勤政务实、敢于担当、清正廉洁”好干部的标准，健全科学有效的选人用人机制，让肯干事的人有机会、让能干事的人有舞台、让干成事的人有激励，打造一支会干事、能干事、干成事、高效率的干部队伍，用持续有效的执行力实现永州各项工作的争先进位，确保各项工作落到实处。

（永州市财政局副调研员）

讲学习　转作风　求真务实

——“解放思想 实干兴永”大讨论心得体会

鲁　强

为全面推进全市“六大战役”“构筑创新开放新高地、打造品质活力新永州”，市委提出“解放思想 实干兴永”大讨论，我认为非常及时，非常重要。根据局党组的要求，就如何在实施“创新引领，开发崛起”战略中走在前列，如何在推进“六大战役”中干在实处，如何在“振兴永州财政”中干出成效，我作为财政队伍的一名新兵，浅谈一下个人的体会。

一、讲学习，筑牢思想基石

周总理说“人要活到老，学到老”，古人云“千里之行，始于足下”。我会尽职尽责地做好单位安排的各项工作，将深入学习党的“十八大”和十八届三中、四中、五中、六中全会以及习近平总书记系列重要讲话精神贯穿始终，结合“两学一做”学习教育、“三会一课”，以全面建成小康社会为总揽，紧密结合当前财政工作实际，时时关注国家新的方针政策，注重理论联系实际，以《党章》为根本遵循，提高政治站位，牢固树立“四个意识”，做到以大局为重，以人民的利益为核心，做人民的好公仆。谨记入党誓词，坚决拥护中国共产党的领导，对党忠诚、坚守初心，永不懈怠，为党的事业奋斗终身。平时多注意听新闻看报纸，关注国家时政要闻，一切行动听党指挥，紧密与以习近平同志为核心的党中央保持一致，坚决执行市委、市政府的决策部署，打好“六大战役”，实现“四个提升”。在巩固理论知识的同时，要主动总结各项工作的关键点，找到工作中的亮点，提炼出它们的相通之处，更好地指导实践。要把学习作为做好工作的第一需要，把学习作为提升执行力的必要条件，向书本学，向实践学，向同事学。

二、转作风，树立正确的职业观

“作风就是战斗力”。作为一名党员干部，我们的言行代表着党的形象，更需谨言慎行，必须以全心全意为人民服务为宗旨，认真处理好党群和干群的关系。作为财政人，我将发挥我的专业知识，承担好单位的各项工作和任务。与时俱进，努力提升自己的专业技能，提高管理能力，注意工作在社会中造成的影响力。树立正确的世界观、人生观和价值观，找准人生定位，遵循职业道德，兢兢业业地为人民群众办实事，争取取得更大的工作实绩。坚决消除“门难进，脸难看、事难办”的衙门作风，坚决按照“三依三公”的原则处理问题，以人民群众满意度为工作的第一要义，关注人民群众的根本利益，把群众的诉求和我们的农开工作实际相结合。大力提振干部职工干实事、创新的精气神，用党建引领人，立足基层党组织开展学习大讨论，坚决破除小成即满、安于现状的安逸思想，墨守成规、畏难观望的狭隘意识，为官不为、人到码头车到站的消极心态等落后思想，做好本职工作，以过硬的作风，一流的成绩说话，把更多的心思和精力用于干事创业上，争当“六大战役”和扶贫攻坚的排头兵。

三、求真务实干工作，立足本职做贡献

“空谈误国，实干兴邦”，思路决定出路，以永州市委、市政府制定的发展战略，立足永州实际，积极响应习近平总书记的号召，努力构建生态、宜居、和谐的永州富居图，实现实干兴永的发展目标。当前永州各县区经济差异大，要大胆尝试，勇于当创新的“探路者”。加强农业基础设施建设，以项目带动产业的发展，坚决破除土地治理与产业化发

展项目“两张皮”的局面，以现代农业示范园和特色产业园为平台，围绕农业供给侧结构性改革的需要，进行统筹规划、规模开发、连片推进。务实是工作的关键，只有这样才能把思路变成具体措施，而不只是停在纸上、挂在嘴上。要充分利用农业综合开发优势，实施田水路林山综合治理，以区域规划或重点项目为平台，带动县区整合财政资金投入，撬动金融资本和社会资本投入，引导多元主体协同推进农业开发。要在实践中发现问题，破解农业项目发展的制约因子，认真总结成功的经验，推动永州经济的发展。如果只是坐在办公室空想空谈是无法解决问题的，只有经常深入基层，实地调研和考察项目，才能了解真实情况，而不只是听听工作汇报，看看报表数据，要以高度地责任心、事业心，以务真求实的执行力促进实干兴永。坚决以习近平总书记“勤政务实、清正廉洁”的干部标准，努力解决群众的难题，把各项工作落到实处。以与时俱进的创新意识、实干担当的务实作风敢于抓项目、搞建设、促开发，全力营造“聚精会神搞建设，一心一意谋发展”的社会氛围，为打赢“六大战役”集聚强大合力。

（永州市农业综合开发副主任）

关于“解放思想　实干兴永”的几点建议

邓跃南

近期，我市开展了轰轰烈烈的“解放思想 实干兴永”的大讨论活动。思想是行动的先导，理念是实践的指南。“解放思想 实干兴永”，就是要立足永州实际，脚踏实地，真抓实干。认真贯彻落实湖南省委“创新引领、开放崛起”战略和永州市委“构筑创新开放新高地、打造品质活力新永州”部署，打好“六大战役”攻坚仗，切实紧跟理念之变，把握发展大方向，以理念大转变实现发展大突破。永州是一个农业大市、工业弱市，财政穷市。基于永州实际，我就如何在新一轮解放思想的浪潮中进一步解放思想，放开手脚、更新观念、拓宽视野，扎扎实实为永州民众做实事拟提几点意见和建议：

一、解放思想，敢想敢闯

解放思想，就是要冲破过去以往的惯性思维，打破坛坛罐罐和束缚自己手脚的陈旧观念，敢于突破“思想禁区”和“利益雷区”，创造性地开展工作，做到真的解放思想，大胆尝试，“摸着石头过河”，总结经验，稳步前进。

二、精心描绘，科学谋划

全面部署和落实我市“十三五”规划的宏伟蓝图，整体设计，精心描绘。对未来重大项目的建设和实施，要总体布局，科学论证，多听专家、学者的意见，集思广益，统一谋划。不能今天立明天破，今日建明日挖，而是要以实际行动确保重大项目的顺利实施。

三、不拘一格，启用人才

争项目、搞建设、谋发展，关键靠人才。只有解放思想，大胆启用人才，才是根本之举。在启用人才问题上，不能任人唯亲，靠关系，靠人情，走后门。只要是人才，具有一般人所不能具备的一技之长，有战略眼光，不管他多年轻，都要大胆启用，破格录用，给他一个平台，让他尽情地发挥自己的聪明才智，做到英雄有用武之地。

四、加大力度，招商引资

实践证明，招商引资方式是推动地区经济发展的重要途径。对那些新材料、新能源、低碳经济等战略性新兴产业和投资规模大、科技含量高、带动能力强、经济效益好的大项目、好项目要制定优惠政策、提供宽松环境，舍得吃眼前亏，使投资者真心投资，让项目真正落地，产生出真正的经济效益和社会效益，达到合作共赢的目的。

五、脚踏实地，真抓实干

解放思想，善谋实干，关键在人，关键在干部。全市所有干部都要做到心无旁骛，始终不渝地以干为先、以干为重，苦干实干加巧干，以等不起、慢不得、坐不住的紧迫感去干事创业。一是要有抓铁有痕的作风促实干；二是要有敢于担当的精神促实干；三是要有持续有效的执行力促实干。真正打造一支能干事、会干事、干成事、高效率的干部队伍，用持续有效的执行力实现我市各项工作的争先进位，确保各项工作落到实处。

（永州市财政局副调研员）

充分发挥财政在推进文化供给侧结构性改革中的积极作用

胡 钢

推进供给侧结构性改革，是党中央、国务院综合研判世界经济形势和我国经济发展新常态做出的一项关系全局长远发展的重大决策。财政作为政府综合经济管理部门，通过充分发挥对供给侧要素投入的财政调控，优化财政资金投资方向与投资结构，强化财政公共服务职能，有效改善财政资金的边际产出效率，有助于培养供给需求、提升供给质量、优化供给结构，在文化供给侧结构性改革中发挥着积极的作用。我们根据省财政厅教科文处的统一安排部署，向市直文化单位和各县区发放并收回调查问卷642份，其中大众类133份，商家类139份，生产厂家类119份，专家类121份，政府类130份，通过发放调查问卷、书面调研和实地调研等方式，全面了解我市文化供给侧结构性改革的情况。

一、永州文化供给侧结构性改革发展现状

永州古为零陵郡，为湖南四大古郡之一，素有“锦绣潇湘”的美誉，既是历史人文荟萃之地，又是潇湘文化乃至中华文明的重要源流，在文化的传承保护和创新发展上有着独特的内涵和特性。为推动文化强市，打造品质活力永州，市委、市政府先后出台了《永州市文化强市战略实施纲要（2010—2015）》《关于加快推进永州市文化体制改革工作的若干意见》《关于加大金融支持力度大力推动文化产业振兴的实施意见》

等政策文件，树立了“大产业”的思维。我市各级财政部门在省厅的正确指导下，紧紧围绕市委、市政府建设文化强市的战略部署，不断增加财政投入，加快推进文化强市建设，公共文化服务体系建设取得显著成效，人民群众的文化生活日益丰富多彩。

公共文化设施逐步完善。近年来，全市加大公共文化建设投入，大力实施乡镇综合文化站建设、信息资源共享、农家书屋等工程，先后新建或改扩建 8 个县的文化馆、图书馆，新建 177 个乡镇综合文化站、5173 家“农家书屋”，建成 12 个文化信息资源共享工程县区支中心、4072 个乡村网点，配备流动演出车 22 辆、演出通勤车 12 辆、新华书店汽车 11 辆，并基本配齐了文化活动设备，完成了全市 177 个乡镇综合文化站建设和第一批 20 个全国贫困地区综合文化服务中心示范点的建设。目前，市美术馆、市图书馆、市体育馆、舜帝陵古遗址博物馆已建成开放，市体育广场、蘋州文化广场、蘋州书院竣工投运。投资 4 亿元、总建筑面积 7. 8 万㎡的文化艺术中心已经开工建设，还规划筹建市科技馆、永州大剧院、市博物馆、市图书馆等一系列新的大型城市文化设施，打造永州市新的城市文化核心，从根本上彻底改变中心城区文化设施建设水平较低的状况。

文化服务能力持续提升。基层文化服务网络逐步健全。全市乡镇文化站和社区都配备了较为齐全的文化设施，市图书馆和大多数县区图书馆建立了供手机和平板电脑用户免费阅读的移动阅读分站。群众文化活动丰富多彩。我市组织了“三下乡”活动、春节文艺晚会、“雅韵三湘”音乐会、庆元宵广场文艺演出、省交响乐团永州专场演出等 10 多场大型演出，年均送戏下乡 760 场次，送电影下乡 60708 场，送书下乡 120 万余册。还举办了全国第四届草书展、永州书画名家作品展、国庆 65 周年美术展、永州首届农民画展、博物馆日、文化遗产日、世界读书日、图书周等活动，群众文化活动基本上实现了“一季一主题”“月月有活动”“周周乐”。

文化遗产保护利用加强。以永州创建国家历史文化名城为契机，全市发现新文物1371处，开展了上甘棠、武当山、鬼崽岭等重大文物考古，组织了舜帝陵、浯溪碑林、柳子庙等文物维修。国家重点文物保护单位增加19处、达到27处，省级文物保护单位增加43处、达到56处，名列全省第二；有8个全国历史文化名村、22个全省历史文化名村名镇。市保单位总量上升至222处。已全面完成全市可移动文物数据采集和登录任务，共登录文物13108件（套）。非遗保护传承持续推进。零陵区柳子街成为中国首批30个历史文化街区之一，是湖南省唯一获此殊荣的街区。新增国家级非遗4项，达到7项，新增省级非遗8项，达到18项，位居全省前列。市委、市政府重点打造了集餐饮、文化、旅游、非物质文化遗产展示等一体的源味街，促进了非遗项目产业开发。

现代文化市场体系初见规模。通过一手抓大扶强，培育上市企业和具有战略投资实力的产业集团，一手抓小搞活，培育规模小、机制活、见效快的小微文化企业，激活做大区域文化产业市场，特别是文化与科技含量越来越高的彩印包装业呈现蓬勃发展之势，全市有一定规模的印刷企业已达112家，其中九恒条码和恒津包装两家文化企业，2015年的产值达到了20亿元，文化产业的地位明显提高。湖南奔腾文化创意股份有限公司挂牌新三板上市，成为永州本土第一家上市的企业。据统计，2016年我市文化产业产值为10.99亿元，占地方生产总值的0.7%，占第三产业比重1.58%，占税收比重为18%。全市文化产业增加值由2005年的4.3亿元增加到2016年的50亿元，增长12倍多，占GDP比重达到3.2%。全市有文化产业个体户8696户、文化产业法人单位5236家，其中规模以上文化企业83家。文化产业企业安排就业人员17万人，带动社会就业35万人，带动相关产业增收360亿元以上。

文化财政投入增长迅速。“十二五”期间，我市各级财政部门认真落实财政支持文化改革发展的保障政策，把支持公益性文化事业发展同增强公共产品供给能力、推进基本公共服务结合起来；把支持文化体制改革同科学界定财政职能、推进公共财政体制改革结合起来；把支持文化产业壮大同建设活力永州、培育新的经济增长点结合起来，建立健全财政文化投入稳定增长机制，不断优化财政文化支出结构，大幅增加文化事业产业投入规模，充分发挥了财政资金的引导支撑作用。2010 起市本级财政设立了文化事业发展及产业引导专项资金，从 2013 年开始由每年 200 万元增加到 500 万元，累计已投入 1700 万元，每年还从中小微企业科技发展资金、旅游商贸发展资金等财政专项资金中调剂支持文化企业的研发技改和发展壮大。同时，认真研究文化产业政策，积极争取中央和省两级财政资金支持，积极探索和拓宽文化产业投融资渠道，引导社会资金进入文化产业，鼓励我市优势文化企业充分对接境内外资本市场。为促进民间资本参与公共领域的建设、运营和管理，2015 年市政府正式出台了《关于鼓励和支持民间资本参与公共领域投资的实施意见》，其中明确了我市文化旅游业的支持范围和支持措施，市财政部门也相应出台了《2016 年永州市市本级政府购买服务指导目录》及《市级部门政府购买服务工作基本流程（试行）》等政策文件。同时，通过项目配套、贷款贴息等方式，多方争取文化产业引导资金、地方特色产业中小企业发展专项、企业技术改造项目补助、国家及省科技计划项目配套资金、培育发展战略性新兴产业专项引导资金等上级财政资金投入 2000 余万元，极大地支持了奔腾彩印、金鸥医药、异蛇科技等一大批地方文化企业的发展。2016 年度，金洞生态漂流、茹园堂石雕创意产业园、龙家大院文化保护、凤凰影视城升级改造、潇湘工坊潮水农民磨漆画生产、金鸥医药包装、东彩包装印刷等项目获得了省级文化产业引导资金的大力支持。由于各级财政部门的努力，全市文化体育与传媒支出连续保持两位数的增长幅度，2015 年全市文化体育与传媒支出达到 7.26 亿，比上年增长 54%，占财政总支出的 2.06%，人均文化支出 133 元。2016 年全市文化体育与传媒支出达到 8.48 亿，比上年增长 16.8%，占财政总支出的 2.12%，人均文化支出 155 元。

二、我市文化供给侧结构性改革存在的问题

通过回收的调查问卷统计结果来看，人民群众每月去公共文化场所

的频率不高，文化项目方面的每月人均消费大多在100元以下，文化产品单一，缺乏创新，普遍认为财政投入不足，文化产业发展囿于资源分布不均，城乡不平衡，导致各地区发展不平衡，等等，可见，我市文化领域供给侧结构性改革取得了一些进展，但存在的困难和问题也很多，无论是产业规模、结构还是社会化、产业化的程度，都处于明显的弱势状态，与发达地区相比差距还很大，存在文化产业发展不充分，总量规模偏小，市场机制不完善，文化产业的发展速度和效益欠佳及群众满意度不高等问题。

文化产业的发展滞后于现代服务业发展的要求。文化产业横跨第二、三产业，有其市场规律，企业是其中的核心要素。整体来看，我市文化产业的结构、质量和效益都不理想，产业结构单一，目前，全市虽有文化产业单位6000余家，但文化企业仅1200余家，除零陵古城、奔腾创意、九恒条码、异蛇科技外，上规模、上档次的项目、企业不多，大部分都是小微企业，文化产业市场发育不充分、不成熟，文化企业数量小、规模小、布局散是当前制约我市文化产业发展最大的“短腿”。文化产业门类发展离大力发展现代服务业的要求有较大差距，在政策引导、产业扶持等方面的力度和效果有待加强。

公共文化服务质量无法满足人民群众的需求。城乡基层文化设施总量相对不足，文化基础设施较为薄弱，文化馆站设施陈旧落后，公共文化设施利用率不高，文化产业和娱乐形式只能满足群众的低层次文化需求，与群众快速增长的文化需求不相适应。特别是惠及大众、让更多群众享受免费公共文化服务的基层综合性文化服务中心建设缺乏。我市大多数县区属偏远山区，受各方面资源条件限制，大多数村、社区都还未启动基层综合性文化服务中心的建设，不能满足大多数群众需要。实施的乡镇综合文化站建设、农家书屋建设、广播电视村村通工程，因投入不足，加之在建设过程中“重硬件、轻软件，重设施，轻人才”，导致一些乡镇、社区的文化站、文化活动中心，没有充分发挥作用。全市现有的村文化室及社区文化活动中心普遍存在应有的文化活动配套设施、设备缺乏的问题，这使得多种文化活动不能开展，大大降低了村活动室的利用效率。

对本土文化资源传承创新不够。我市历史文化底蕴深厚，历史、人文资源丰富，具有本土特色，但由于缺乏有影响力的传播载体，大多呈原生态。在经济发展过程中，存在资源管理不善、维护不好、服务缺乏的现象，缺乏对传统文化、地方特色文化的挖掘和继承，缺乏文化内涵，且忽视了对地方特色文化的把握，无文化定位，无特色可言，同时，文化产品内容缺乏创新，产品消费形态比较单一，电视、报刊、网络等内容雷同，文化市场东西多、精品少，难以满足群众需求。

财政文化投入总体不足。我市属于经济欠发达地区，2016 年全市财政总收入 150 亿元，但全市财政支出却达到了 401 亿元，属于典型依赖上级转移支付的“吃饭财政”，人均可用财力更是在全省排名靠后，虽然近年来财政文化支出增长较快，但人均文化支出低于全省人均文化支出数，因此，在公共文化服务设施建设和公共文化活动的投入上远不能满足人民群众的精神需求。同时，中央、省支持的文化项目资金较少，配套的文化信息共享工程设备和群文器材未能及时到位，再加上房屋每年需维修管理，设施设备逐年老化需报损补充，而市、县区财力有限没有配套，文化活动的经费、器材、场地等不能得到有效保障，很多活动无法正常开展。

三、财政推进文化供给侧结构性改革的对策建议

继续增加政策供给。认真制定全市文化产业“十三五”规划，在与国家、省有关规划衔接的同时，更要着眼与全市“十三五”规划衔接，力求在规划中更多地体现文化建设和文化产业内容，使永州文化产业真正化资源优势为产业优势，为永州经济社会协调发展起到战略支柱作用，并力争出台《关于加快推进文化强市建设的若干政策措施》，全面落实国家和省、市关于文化改革发展的税收、土地、金融等方面的优惠政策。同时，要继续发挥财政资金的杠杆作用，探索实行政府采购、项目补贴、

定向资助等政策措施，鼓励各类文化企业和个人参与提供公共文化服务；通过贷款贴息、保费补贴以及设立产业投资基金等方式，引导和带动金融资本和其他社会资本投入文化产业。

坚决破除体制障碍。一是创新内容供给机制。以多种途径创新全市公共文化服务内容供给方式，加强公共文化产品生产、充实公共文化产品内容、提高公共文化服务水平。引入项目招标等竞争机制，对一些农村公共文化产品、文化服务项目、文化活动，采取政府采购、项目补贴、定向资助等财政扶持措施，通过竞争提高公共文化产品质量。同时，完善文化产业扶持政策，充分开发和利用市场优势，扩大市场准入，推出一批展示永州文化精髓的高品位大型文娱节目进入公共文化服务领域。二是改革公益性文化单位运行机制。在完成公益性事业单位阶段性改革任务的基础上，建立健全考核评估机制，推进全市公益性文化事业单位改善服务条件，提高服务质量，发挥公共文化服务的功能作用。按照“分类指导，因势利导”的要求，持续推进对文化系统公益性事业单位的年度目标管理责任制、分配制度等机制改革，从而进一步激发公益性文化单位活力。三是深化城乡联动机制。坚持以城带乡、城乡联动，不断创新载体、项目、内容、形式，推动城乡文化协调发展。在强化城市对农村文化的辐射带动的同时，注重建立城乡之间文化交流与合作长效机制，鼓励城市、县文化单位为农民演出提供演展场所，通过举办全市农民文艺汇演、组织乡镇优秀节目展演等方式，激发农民举办文化活动的积极性，引导农村文化进城。

努力扩大文化开放。一方面发挥政府的统筹协调作用，组织内外宣、文化、旅游、外事、商务、媒体等部门互动协作打“总体战”，擦亮打响地方文化品牌。另一方面充分发挥企业自主作用，政府给予支持配合，引导企业强化个性化的宣传。通过“写永州、画永州、唱永州、演永州”活动形式，精心组织好品牌文化活动，对内吸引“永州人游永州”，对外拓展国内外目标市场，通过培养文化欣赏、鼓励文化消费、创造文化需求，为文化产业发展提供持续动力的良好效果。同时，要加快推动文旅融合。打破地域界限，把区域内文化资源整合串联起来，加强区域合作，大力培育地域节点、特色文化产业品牌，实现资源共享、市场共促、双方共赢。

积极创新投资方式。就是要组合运用各类财政政策工具，增强政策合力，放大政策效果，加大财政政策的支持力度，推动多领域多层次的文化产业建设。一是创新经营性文化产业财政投入方式。支持文化产业发展的财政政策应包括财政直接补贴和无偿补助（财政贴息）、政府性投资基金、股权投资、发行国债和政府奖励等。继续采用项目补助、定向资助、出口奖励、财政贴息等政策措施，落实和完善文化产业政策，支持社会组织、机构、个人捐赠，引导我国文化产业推向国际市场。加强财政政策与产业政策等其他政策的协同配合，找准制约文化产业发展的关键领域和明显短板，切实提高政策的精准性、指向性和实效性。充分运用市场化工具和手段，最大限度发挥财政资金的杠杆作用，引导社会资本参与公共产品提供，使财政支出保持在合理水平，将财政赤字和政府债务控制在可承受范围内，确保财政的可持续性。二是设立文化专项扶持基金。财政要在预算安排中设立文化产业发展和扶持引导基金。文化发展基金以行业培养为目标，促进文化产业经营主体的发展。文化专项扶持基金，以小额基金为主，加大对小微文化企业创业创新支持力度。主要针对中小型文化企业，对其起步初期起到一定的扶持作用。同时吸纳民间团体、企业和个人等文化主体进入文化产业，实现文化产业投资主体多元化。三是强化质量和效益导向。更加注重支持投资有回报、产品有市场、企业有利润、当地有就业、政府有税收、环境有改善的企业和产业发展。用好财政这个“金边”信用，多渠道筹措低风险偏好社会资金，多用债券、政策性贷款和直接融资等工具，降低资金成本，满足经济社会发展资金需求。四是更大限度激活民间投资。随着文化改革发展的不断深入，民间资本正以活跃的态势进入文化产业领域，在促进文化产业发展上大有作为。在创新投融资体制上，要用好文化经济政策，勇敢地走政府主导、文企结合、文民结合、文文结合的路子，鼓励文化企业向社会融资，民间资本向文化企业投资。同时，探索建立市级文化产业行业协会，鼓励协会在内部融资、行业组织、行业自律等方面发挥重要作用。

（永州市财政局教科文科科长）

关于振兴实体经济支持中小企业加快发展的财政政策调研报告

唐兰芳　李先群　周川富

为振兴我市实体经济，更好地支持我市中小工业企业快速发展，我们组织县区开展专题调研。走访了部分企业，召开了企业座谈会，充分听取市工商局、市统计局、市经信委等部门介绍我市近年来中小企业的基本情况、发展中存在的问题，共同出谋划策推进企业发展。

一、中小企业发展及园区基本情况

（一）中小企业存活率情况

随着我市深化商事制度改革，全面推行“五证合一、一照一码”登记制度，加强部门信息互联互通，简化办事环节，我市中小企业存量户数、工商注册登记新企业逐年攀升。据工商部门统计，截至 2016 年 12 月底，永州市共有中小法人企业 20721 户（其中：规模企业 867 户），同比增长 16.42%。制造业 2454 户，占中小企业总量的 11.84%，科学研究、信息技术 1757 户，占中小企业总量的 8.48%。新注册企业 5678 户，同比增长 26.57%。近年来，受国际国内市场环境、经营不善、生产成本高、宏观政策等影响，中小企业生存艰难。据统计，2016 年度注销企业 2755 户，同比增长 331.82%，较 2014 年增长 877%；2016 年度清理僵尸企业 2794 户，同比增长 108.95%，较 2014 年增长 447%；企业存活率为 88.26%，同比下降 8.57%。2016 年末实有注册资本 1129.81 亿元，其中，1000 万至 1 亿元有 2953 户，1 亿元以上有 137 户。

（二）中小工业企业发展情况

据统计，2016 年永州市营业收入 300 万元以上的中小工业企业 867 户（其中：盈利 831 户，亏损 36 户），较 2015 年增加 86 户，增长 11.01%；年从业人员 15.05 万人，较 2015 年增加 0.68 万人；共有高新技术企业 47 户，较上年增加 4 户；2016 年，营业收入 300 万元至 2000 万元的中小工业企业资产负债率为 43.08%，较 2014 年提高 5.18 个百分点；营业收入 2000 万元以上的中小工业企业资产负债率为 41.93%，较 2014 年提高 3.55 个百分点。2016 年，共实现销售收入 1077.16 亿元，较 2014 年增加 227.11 亿元；上缴税收 89.18 亿元，较 2014 年减少 13.59 亿元，主要反映“营改增”政策为实体经济减负效益明显。2016 年度永州市完成规模工业总产值 1282 亿元，同比增长 11%；完成规模增加值 323.7 亿元，增长 6.6%。全市工业固定资产投入完成 730 亿元，增长 9%，工业技改投入完成 316 亿元，增长 2%。

（三）工业园区集聚度提升

全市共 15 个工业园区，其中省级工业园区 7 个，省级工业集中区 4 个（冷水滩高科技工业园与永州经开区捆绑申报国家级经开区），市级工业园级工业集中区 3 个，其他园区 1 个。为推动园区规划、产业发展、基础设施等全面升级提升，2016 年我市支持园区发展财政专项资金总量为 12.85 亿元。全市工业园区规划面积 196.59 平方公里，已开发面积 115.35 平方公里。现有工业企业 1000 余家，规模工业企业 703 家，建成标准厂房面积 1218.17 万平方米。全市工业园区初步形成了以先进装备制造、电子信息、新材料新能源、农产品加工、矿产品加工、生物医药、轻纺制鞋等为主体的七大支柱产业体系。2016 年，全市工业园区规模工业总产值突破千亿，完成 1075.99 亿元，同比增长 19.5%；全市工业园区规模工业增加值完成 256.58 亿元，同比增长 7.9%；全年完成基础设施投入 33.5 亿元，同比增长 45.2%；全年新增标准厂房 186 万平方米，新增入园企业193家。园区年财政收入31.05亿元，占全市财政总收入20.7%，其中，省级工业园完成财政收入24.34亿元，占全市财政总收入16.22%；省级工业集中区完成财政收入6.25亿元，占全市财政总收入4.17%；市级工业集中区及其他园区完成财政收入0.46亿元，占全市财政总收入0.31%。

二、惠企政策措施得力，促进企业转型升级

近年来，我市先后出台《推进供给侧结构性改革促进经济持续健康稳定发展政策措施》《永州市中心城区非税收入减免缓征管理规定》（永政发〔2014〕13号）等30余项惠企政策，全面实施清费正税，降税减费政策，在降低实体经济成本、减轻企业负担、促进企业发展等方面已初见成效。

（一）企业的税费负担逐年减轻

2016年全市“营改增”为实体经济减税5亿元，主要涉及建筑业、房地产业、金融保险业等行业领域。2014—2016年，对市本级工业园区内企业新建、改扩建及技改等建设项目非税收入减免金额达2000余万元，有效地减轻了企业和项目单位负担，有力地支持了企业发展。以我市此次调研的部分企业为例分析。

1. 税收负担情况

根据企业税收负担情况表分析，营改增后企业缴税金额占营业成本比重平均从2014年的5.02%下降到2016年的3.49%，企业税负整体来说是下降的，特别是规模较大、经营收入持续增长的企业表现得相对明显。如长丰猎豹汽车永州公司，2014年营业总成本193532.61万元，缴税9855.76万元，税金占营业成本比重5.09%；2015年营业总成本340923.1万元，缴税12178.61万元，税金占营业成本比重3.57%；2016年营业总成本549649.85万元，缴税18962.51万元，税金占营业成本比重3.45%。三年间税金占营业成本比重下降1.64个百分点，若以2014年税金占营业成本比重来测算2016年的缴税金额，相当于2016年减少

税金支出约9014万元。

表1 企业税收负担情况表 （金额：万元）

企业名称	2014年			2015年			2016年		
	营业总成本	缴税金额	税金占营业成本比重	营业总成本	缴税金额	税金占营业成本比重	营业总成本	缴税金额	税金占营业成本比重
湖南恒惠食品有限公司	2458.45	0	0%	4360.06	0	0%	4351.42	0	0%
湖南零陵恒远发电设备有限公司	6330.28	410.74	6.49%	9369.62	669.31	7.14%	7916.25	699.49	8.84%
湖南熙可食品有限公司	11617.74	598.73	5.15%	11403.22	216.54	1.90%	11565.38	452.98	3.92%
南华大酒店	3595.24	76.74	2.13%	3209.83	61.54	1.92%	3455.88	37.65	1.14%
永州市市政工程机械化施工公司	931.28	28.82	3.09%	1165.09	35.55	3.05%	888.28	26.69	3.01%
长丰猎豹汽车永州公司	193532.61	9855.76	5.09%	340923.1	12178.61	3.57%	549649.85	18962.51	3.45%
合 计	218465.6	10970.79	5.02%	370430.92	13161.55	3.55%	577827.06	20179.32	3.49%

2. 缴费负担情况

表2 企业缴费负担情况表 （金额：万元）

企业名称	2014年			2015年			2016年		
	营业总成本	缴费金额	缴费占营业成本比重	营业总成本	缴费金额	缴费占营业成本比重	营业总成本	缴费金额	缴费占营业成本比重
湖南恒惠食品有限公司	2458.45	14.85	0.60%	4360.06	10.92	0.25%	4351.42	10.19	0.23%
湖南零陵恒远发电设备有限公司	6330.28	4.31	0.07%	9369.62	2.25	0.02%	7916.25	2.54	0.03%
湖南熙可食品有限公司	11617.74	36.52	0.31%	11403.22	43.39	0.38%	11565.38	40.72	0.35%
南华大酒店	3595.24	1.73	0.05%	3209.83	6.95	0.22%	3455.88	0.6	0.02%
永州市市政工程机械化施工公司	931.28	0.57	0.06%	1165.09	0.71	0.06%	888.28	0.54	0.06%
长丰猎豹汽车永州公司	193532.61	161.13	0.08%	340923.1	230.93	0.07%	549649.85	370.54	0.07%
合 计	218465.6	219.11	0.10%	370430.92	295.15	0.08%	577827.06	425.13	0.07%

根据企业缴费负担情况表分析，企业缴费金额占营业成本比重平均从2014年的0.10%下降到2016年的0.07%，总体上来看企业的缴费比重在逐年下降。

（二）支持汽车产业做大做强

贯彻落实市委、市政府《推进供给侧结构性改革促进经济持续健康稳定发展政策措施》关于支持长丰猎豹汽车发展财政政策（永州市财政局筹措2亿元支持新产品研发及技术改造资金；以2015年为基数，将2016年、2017年两年新增税收地方留存部分按50%的比例返还奖励给企业），2016年已拨付1亿元。同时，我们继续执行“对新购猎豹汽车的单位和个人落户永州的，由各级受益财政按每台车款5%的标准（最高不超过5000元）予以补贴”的规定，2016年兑现长丰猎豹汽车808台“购车补贴”款399.2万元（2012年至今，共兑现长丰猎豹汽车1293台“购车补贴”款633.67万元）。在永州经开区内重新规划2000亩土地建设长丰猎豹汽车配套产业园，永州市政府在用地、标准厂房、基础设施配套、项目招商等方面予以重点支持。上述政策的贯彻落实，有力地支持了长丰猎豹汽车的发展。2016年长丰猎豹汽车公司生产整车58327台、完成税收5.21亿元，分别比2015年增长53.5%、64.7%。受长丰猎豹带动，长丰空调、长丰沙发、长丰内装饰、元创等6家配套企业产销两旺，完成产值11.4亿元，同比增长62.1%。长丰工业园实现技工贸总收入208.9亿元，完成工业总产值158.8亿元；完成规模工业总产值105.2亿元、同比增长33.2%；完成规模工业增加值21.3亿元、同比增长12.1%；完成固定资产投资68亿元、同比增长22.5%；完成财税收入7.18亿元，其中永州经开区区本级一般公共预算收入2.06亿元、同比增长43.8%。

（三）产业结构调整取得新变化

紧紧围绕“去库存、去产能、降成本、补短板”大力开展调研，稳步推进供给侧改革。我市先后出台《关于推进新型工业化引进培植壮大骨干企业的意见》《永州市中心城区非税收入减免缓征管理规定》《永州市本级工业发展专项资金管理办法》和《永州市本级中小微企业发展专项资金管理办法》等管理办法。永州市、县区在财力非常紧张、收支矛盾突出的情况下，积极优化财政支出结构，想方设法筹措资金，加大资金投入力度，在供给侧结构性改革推动下，产业结构不断优化，新兴产业异军突起。据统计，2016 年先进装备制造业完成产值 122 亿元，同比增长 53.3%，占规模工业总产值比重上升 3 个百分点；2016 年电子信息产业完成产值 112.7 亿元，同比增长 21.2%，占工业总产值比重上升 1 个百分点。大力开展去产能、去库存活动。2016 年，全市 178 家冶炼企业淘汰 22 家，停产关闭 143 家。零陵烟厂围绕去库存压产能，从全年计划 30.2 万箱压减到 27.4 万箱；金浩茶油、恒惠食品、林之神、天龙米业等企业按照市场需求自主实行压产能去库存，效果明显。

（四）加大信贷融资支持，助推企业上市

一是做大中小企业信用担保。近年来，为推进中小企业信用担保体系建设，出台《关于调整永州市中小企业信用担保有限公司管理体制工作方案》；拟定扩充担保公司资本金方案和收购社会股东方案，经市政府批准，市财政已注资 8000 万元，完成了社会股东收购工作。新田县出台《新田县小微工业企业助保金贷款管理办法（试行）》《新田县小微工业企业“助保贷”业务风险补偿暂行办法（试行）》，新田县工业园管理委员会与建行签订《“助保贷”业务合作协议》，确保满足更多小微企业客户融资需求，缓解小微企业因抵押物不足、担保费过高、门槛高、手续费高导致融资难的问题，实现企业、政府和银行“三方共赢”。二是缓解融资难题。为保障市本级重点企业发展资金需求，全面提升产业、园区和企业的发展水平，2015 年，我市经建投及城建投两个市级融资平台公司为工业经济基础设施建设融资约 60 亿元；市中小企业信用担保公司全年共发放担保贷款 44 笔，为中小企业担保金额 1.45 亿元。2016 年，我市本级 4 家投融资公司为工业经济基础设施建设及企业融资或担保约 113 亿元，其中：经建投及城建投两个融资平台公司融资约 107 亿元；

市中小企业信用担保公司为中小企业担保金额1.8亿元；农信永州分公司融资约4.2亿元。三是帮扶企业上市上台阶。为帮助企业上市、上台阶，根据市政府《关于鼓励支持企业进入“新三版”和其他场外市场挂牌及上市的若干意见》（永政发〔2016〕8号）精神，我们积极创造条件帮助奔腾文化创意、希尔药业、永州新辉开公司等一批企业开展上市服务，协助有关部门帮助湖南奔腾文化创意跑项目争资，支持企业实施技术改造，协调解决项目审批，财税政策，融资等方面存在的问题，帮助湖南奔腾文化创意公司在2016年底顺利实现了“新三板”上市，进一步促进企业上台阶，形成规模效益。

三、存在的主要问题

受国际国内经济下行的大环境影响，企业面临着资金紧张、原材料价格上涨、产成品价格下降、创新能力薄弱等诸多因素的影响，经营状况堪忧，传统产业发展空间缩小，新兴产业发展缓慢。多重因素叠加，导致我市产业结构不优，财源建设必将面临较大的制约。

（一）产业结构不优，企业发展空间缩小

2016年我市产业结构比为20.9:34.8:44.3，第一产业占比仅为20.9，在全省排倒数第2位。2016年我市规模工业总产值为1217亿元，新兴产业占比为37%，其中先进装备制造10%、电子信息11%、生物医药4%、新能源新材料12%，传统产业占比大，新兴产业带动作用不明显。全市高新技术企业47家，占全省总数2212家的2%。作为全市工业主体的装备制造业整体发展水平还不高，重大、成套产品少，产品加工精度、可靠性、自动化程度和国际先进水平还有较大差距，整体看仍处于工业产业链的低端。受国际国内经济下行的大环境影响，企业面临着资金紧张、产品价格下降、用工成本上升等诸多因素的影响，经营状况堪忧。以我市承接产业转移的前沿阵地蓝山县为例，蓝山共有中小企业233户，其中规模以上工业企业73户，主要分布在轻纺制鞋、矿产品精深加工等行业。轻纺制鞋相关产业占蓝山县中小企业经济总量60%左

右，2014 年针织品加工行业总收入达 1 亿元，2015 年针织品加工行业总收入比同期下降 96.3%。2014—2016 年，蓝山县共倒闭毛织企业 240 余家，至 2016 年底，只有 20 余家针织企业在艰难地维持生产，其中我市最大毛织企业永州丽宏国际有限公司、永州德晟纺织有限公司于 2014 年倒闭。蓝山县金属冶炼及加工行业等传统产业由于经营管理粗放，能耗高而附加值低等原因，发展更加艰难，发展空间缩小。

（二）中小企业项目融资难、融资贵

据调查，我市没有出现商业银行“银行抽贷”的行为，但中小企业融资成本高达 12%，融资难、融资贵的现象十分普遍。以我市道县园区重点企业的调查为例，资金需求量达 4.43 亿元。自 2015 年以来，道县各金融机构接收园区企业贷款申请 21 笔，申请贷款金额 3.21 亿元，实际批准发放贷款 9 笔，金额 1.24 亿元，客户贷款申请受理率为 42.8%，贷款金额满足率为 38.6%，融资额仅占资金实际总需求的 42.7%。抽样调查显示，80% 以上的企业由于资金短缺制约了企业的发展。如奥盟电器发明的智能型电源开关，拥有 10 多项发明专利，于 2009 年 11 月投产，账面资产超过 7000 余万元，现有贷款 1000 万元，资产负债率不到 15%，因各家银行信贷额度始终不能增加，于 2013 年倒闭停产。冠图服饰有限公司因商业银行融资力度不大，加上单位自己经营不善，僵尸企业多年后，因资不抵债，宣布破产。湘蓝竹木制品有限公司是一家专业生产装饰板的企业，2014 年以来企业用自有资金购置新型生产设备、扩建厂房，逐步扩大生产规模，目前因为流动资金紧张到银行贷款，由于公司厂址是租用土地不能提供足够的不动产作抵押，而不能获得银行贷款，公司经营举步维艰。湖南德福隆科技公司主要生产电子产品，是我市发展前景较好的规模企业，公司新的生产线启动需要 5000 万的流动资金，需增加银行贷款额度，但无资产担保，流动资金周转困难。

（三）骨干企业增长乏力，辐射带动力不强

永州市大部分为中小企业，虽然提出了“培育 5 户年销售收入上 50

亿元的产业化企业，10户以上上10亿元的骨干企业”的目标，但是近三年来，年销售收入上50亿元的仅有零陵卷烟厂1户，上10亿元的企业仅有6家。2016年，三大标志性企业中，湘江纸业公司关停，零陵烟厂受生产计划调整、控烟措施等去库存影响，产值34.2亿元，同比下降48.9%。长丰猎豹虽迅速增长，仅带来增加值10.5亿元，拉动规模以上工业增加值增长2.7个百分点，相比烟厂的下滑，支撑明显乏力。就目前形势来看，中心城区没有形成大企业顶天立地、中小企业铺天盖地的形式。2016年全市规模企业867家，中心城区规模企业245家，占全市的28%，只比2015年232家增长5.6%。规模企业基本上处于自身发展阶段，无法对外扩散配套的产品和技术，产业配套需求低，制约了产业集群发展和企业抗风险能力。

（四）园区发展不快，主导产业缺乏竞争力

全市现有15个工业园区，没有国家级的。全市除永州经开区、江华、祁阳、道县形成了一定规模的主导产业雏形外，大部分园区没有按照《湖南省产业园区主导产业指导目录》布局主导产业，没有结合当地资源和自身实际突出特色来错位布局，导致产业雷同，恶性竞争。如农产品精深加工、电子信息、轻纺制鞋、生物医药等产业存在“遍地开花”的现象。部分园区的优势企业仅有1—2家，且产值还不到1亿元，更未形成品牌特色的竞争优势。企业普遍整体素质偏低，少部分工业园区根本没有主导产业这个概念，对入园企业不按产业政策把关，入园门槛不高，引进的项目质量不高，传统产业项目多、高新技术产业项目少，缺乏竞争力，难以形成产业链，势必造成企业物流成本过高。园区只是企业地理空间的聚集，是量上的“堆砌”，未形成真正的产业集群和企业群体。

四、建议

总的来说，我市企业发展机遇大于挑战，实现全市工业经济快速发展、跨越发展和转型发展的基础条件依然具备。下一步，以大力发展工业为抓手，推动积极的财税政策，支持中小企业转型升级。

（一）壮大传统支柱企业，培植新兴产业

积极对接“中国制造2025”，着力培育长丰汽车自主品牌、新能源汽车、恒远发电设备、建华精密仪器等产业集群，推动先进装备制造业全面提质。立足永州华为云计算中心和北斗导航数据中心，培育云计算大数据及信息服务产业，发展壮大电子信息产品制造业。构建以风能开发、光伏地面发电、生物质能源开发为主体的现代能源产业体系，加快培育发展信息功能、环境净化等新材料。加大道地药材和大宗药材的种植、利用，优先发展生物制药，提升医药企业自主研发能力。加强资源优化整合，大力推进零陵百亿锰产业园、江华稀土产业园等重点项目发展。在以农产品精深加工、矿产品精深加工、轻纺制鞋、先进装备制造、电子信息、新材料新能源、生物医药等为主导的支柱产业体系基础上，重点发展高端装备制造（条码技术装备）、新一代信息技术（智能技术与信息产品）、新材料（稀土材料、软磁）等产业，着力推动主要税源产业由烟草、矿产等资源消耗型产业向这些产业转型。重点围绕先进装备制造、生物制药、新能源新材料、电子信息、大数据产业等五大新兴产业开展招商选商，着力引进培育先进机械制造、电子信息和光伏、新能源新材料及再生资源、生物医药、文化创意、现代物流等一批战略性新兴产业。运用结构性减税等政策手段，推动发展电商企业特别是农村电商，培育经济增长新动能。

（二）优化财源企业结构

1. 加大财源培植力度，支持“有税产业”加快发展

按照财源建设总体规划，坚持“有所为，有所不为”的原则，整合生产要素和扶持资金，向“有税产业”重点倾斜，加大扶持力度。各级政府在安排扶持资金时，要将缴税情况作为资金分配的重要因素，对纳税大户、税收增长潜力大的企业给予重点扶持；在向上申报项目时，要将税收贡献度作为重要考量指标，对缴税预期好的予以优先推荐；对政

府资金投入试行债权投资和股权投资，实现政府产业扶持资金滚动发展。扶持骨干税源企业做大做强，将财源切实化为财力，用财力持续涵养财源，实现税收换挡不减速，提质又增效，进一步提高骨干税源企业对我市的税收贡献率。

2. 大开放引进，优化环境促发展

深化商事制度改革，全面推行“五证合一、一照一码”登记制度，加强部门信息互联互通，简化办事环节，让企业办事更方便、更快捷。推进创新创业，顺应“互联网+”发展趋势，推进互联网与经济社会各领域融合发展，深入实施创新创业计划，建立和完善创业投资引导机制，加大小微企业扶持，开创“大众创业、万众创新”的崭新局面。提高招商实效，全面对接和融入国家、省、市区域发展战略，积极推进开放合作，全面优化发展环境，加强产业链招商、商会招商、以商招商。

（三）落实供给侧改革，助推企业转型升级

一是去产能。要加快国企改革进程，简化产权、股权交易评估等程序，发展混合所有制经济。加大淘汰落后产能和过剩产能补助力度，推动产业转型升级，优化产业布局，加强有效供给。发挥永州区位优势，大力支持永州通关平台建设，建设产业转移新高地。二是去库存。探索运用PPP模式、政府购买社会服务等方式，创新住房保障方式。认真落实房地产交易环节契税、营业税优惠政策，完善住房公积金提取和信贷政策，扩大公积金覆盖范围、提高贷款计划，鼓励农村居民进城安居乐业。支持本地工业发展，在政府采购活动中，同等条件下优先采购本地产品；继续实施对采购长丰汽车等重点企业产品给予财政补贴的政策，支持扩大本地企业产品销售。三是去杠杆。要继续清理盘活财政存量资金，研究制定财政资金统筹使用的方案，加强对结余结转资金的统筹使用。建立债务风险通报机制和债务违约责任追究机制，加大政府置换债券力度，防范债务风险。四是降成本。要稳步实施“营改增”，严格落实税费清理、优惠政策，将暂免小微企业管理类、登记类和证照类行政事业性收费改为长期措施；实行收费目录清单管理。建立科学的最低工资标准正常调整机制，加强公共就业服务，进一步落实稳岗补贴，降低企业招工成本。推进企业养老保险改革，推动工业园区企业整体打捆实施养老保险缴费费率过渡试点，调整现行工伤保险费率，减轻企业用工负担。五是补短板。发挥政府投入的引导作用，大力支持重点产业、重点企业和重点项目发展，推进供给侧结构性改革，促进经济持续稳定增长，夯实财政增收基础。创新资金投入方式，积极采取市场化支持手段，积极引导金融机构和民间资本加大对市内实体经济的投入。深入推进产业扶贫，突出抓好金融扶贫，积极实施技术扶贫。

（永州市财政局企业科）

我市财政部门“实干兴永”应从四个维度着力

唐晓波

我市提出“构筑创新开放新高地，建设品质活力新永州”的战略决策。财政作为综合职能部门，注定要成为服务全市经济社会发展的中坚力量，在助推“六大战役”“四个提升”的过程中责无旁贷。作为我市财政实践的见证人和“十三五”财政规划编制的参与者，我深切地感受到，财政是“改革加速器”，是“增长推进器”，是“民生稳定器”，为此，我们应解放思想，从四个维度着力，管好用好财政资源，发挥好财政职能作用。这“四个维度”就是：财政速度、财政深度、财政温度和财政亮度。

一、着眼“创新开放”抓收入，积极体现出“财政速度”

“财政速度”体现在财政增长上。只有收入增长了，财力才会充盈，事业才有更好的保障。我市公共财政预算收入由 2012 年的 70.5 亿元增加到 2016 年的 150 亿元，年均增长 16.3%，总量由全省第 10 位上升到第 8 位，但离“财政大市”目标还很远。特别是在当前宏观经济不是很优，结构性减税降费政策相继出台，组织收入难度加大，刚性支出较快增长，财政债务风险不断增加的情况下，更是感到如履薄冰。困难如同弹簧，你强它就弱。我市财政发展处于收入增速换挡期，需要根据换挡之后的中高速收入区间拓展思路，使收入增长真正有质量、有效益、可持续。财政部门为此必须要用责任担当迎难而上，统筹协调抓好财政工作，按照市里统一部署，既要保质量，也要保增速，以加强财源建设为重点，将财源切实化为财力，用财力持续涵养财源，着力发挥财政宏观调控作用，推动全市经济转型发展，实现财政收入质量明显改善和稳定性进一步增强的目标。具体措施有：推动积极的财税政策加力增效，精准发力，促进我市创新开放崛起，经济保持中高速增长，为社会提供更高水平的有效供给。以永州经开区、祁阳经开区、江华经开区等园区为财源培育的核心载体，以重要集镇为财源培育的关键区域，以龙头企业为财源培育的主体，着力培育汽车制造、先进装备制造、电子信息、新材料新能源、生物医药等重点税源产业；优化提升农产品加工、矿产品加工、轻纺制鞋等传统产业，提高税收贡献能力；大力经营城市资源，全面提升旅游、地方金融、农村电商、现代物流等生产性与生活性服务业发展水平，提高财税贡献率。

在这个过程中，要形成拓展区域财源板块、优化税源产业结构、优化财源企业结构、提升潜在财源贡献力和提高收入征管绩效的完整体系，尤其要注重凸显税收主体地位，推动税收“四个强化”（强化税收征管、强化综合治税、强化收入协调、强化收入考核），做好非税“加减法”。为确保非税收入合理增长，要探索征收潜力由收费基金收入向国有资源资产有偿使用收入转变，征收模式由分散委托征收向集中直接征收转变，预算管理由专款专用向统筹安排转变。通过努力，力争“十三五”末全市公共财政预算收入达到 260 亿元，地方财政收入年均增长 14% 左右，到 2020 年，全市地方收入增量中的税收占比达到 72% 以上，全市税收收入占一般预算收入的比重达到 80% 以上。

二、着眼“品质活力”抓改革，不断挖掘出“财政深度”

“财政深度”是指财政改革的深化力度。近年来，全市财政部门主动创新作为，各项财政改革呈现出加速、提质、增效的显著特点：如实行全口径预算管理，推进预算绩效管理，提高财政资金的使用效率和效益；推广运用PPP模式，多个项目入选全省或全国示范项目；加大专项资金的清理整合力度，推进跨部门专项资金的统筹使用，使财政存量资金产生了增量效益；推动绩效评价、资产管理、投资评审、财政监督、政府采购、国库集中支付与预算管理事前、事中、事后的有机结合，构建“六位一体”财政运行管理机制，提升了财政运行管理水平，等等。改革是事业推进的动力，也与民生息息相关。比如营改增改革，既是当前财税体制改革的重头戏，也是落实供给侧结构性改革的重要举措。全面推开营改增改革试点，不仅可以切实减轻企业负担，还可以促进企业加大研发投入、拉长产业链带动需求扩大、创造现代服务业和小微企业发展的良好环境、增加就业岗位。“十三五”时期是我市财税改革的攻坚期，会由小步慢跑、边试边行，到全面实施、立体推进，进入到建立现代制度的快车道。为此，要准确把握永州发展的阶段性特征和总体态势，按照我市“十三五”规划明确的战略定位，践行创新、协调、绿色、开放、共享五大发展理念，加快推进以供给侧为核心的各项财税体制改革，不断优化财政政策体系，着力建设现代财政、法治财政、民生财政，更好地发挥财政在适应引领新常态中的基础性作用，推动全市经济社会持续稳定增长。

要按照中省的统一部署，提速财政改革，进一步深化收入管理、预算管理、体制管理、资金管理四大领域改革，力争2020年构建起统一完整、法治规范、公开透明、运行高效，有利于优化资源配置、维护市场统一、促进社会公平、实现社会稳定和长治久安的现代财政制度，实现如下几个方面目标：地方税体系建设取得新进展，地方政府举债融资机制进一步完善，财政风险有效防控，政府职能的“越位”“缺位”和“错位”问题得到有效解决，财政可持续发展能力得到增强；财政体制机制创新取得重大突破。市区两级政府事权和支出责任相适应的财政体制基本建立；政府预算体系进一步健全，“四本预算”统筹联动安排机制基本建立，财政资金统筹使用机制更加成熟，财政支出标准、预算评审、资产管理融入预算管理的体制机制日趋完善；预算内容的完整性、预算编制的科学性、预算执行的规范性、预算监督的严肃性、绩效评价的权威性得到进一步提高。

三、着眼“全面小康”抓统筹，让人民感受到“财政温度”

“财政温度”，就是要发挥公共财政的职能作用，让人民群众实实在在享受到我市发展战略的成果，进一步提升人民群众的获得感和满意度。2016 年，全市民生支出 320 亿元，同比增长 16.1%，占一般公共预算支出的 79.8%。特别是教育、社保就业、医卫计生、农林水、文体传媒、节能环保、住房保障等支出快速增长，省市重点实事项目资金得到保障，办的一批实事深受市民支持和认可。我市财政收支矛盾凸显，但财政部门理应恪守为民之责、多办利民之事，既要坚持公共性和公平性，把保障和改善民生作为根本出发点，持续增加民生投入，着力补短板、促平衡、兜底线，不断提高公共服务质量，促进财政支出提效，又要有强烈的服务意识和优良的服务态度，即对新形势、新变化、新要求，要快速反应、马上行动，对工作职责内的要速办“快通”；对工作运转时出现的不畅问题要及时“沟通”；对工作中遇到的一些矛盾要积极“疏通”；对不利于经济发展的条条框框要敢于“变通”，把服务质量提高到一个新水平。

把握好五个方面：一是严控投资性支出与消费性支出。不断加大公共性领域财政资金投入，逐步减少在竞争性领域的直接投入。严控“三公”经费等一般性支出增长速度。二是重点支出据实安排。按可持续、保基本原则安排好民生支出，并推动完善相关领域的支出政策和机制设计。三是推动县区均衡发展和基本公共服务均等化。强化财政的社会事业发展和公共服务供给责任，修正不可持续的支出政策，调整无效和低效支出，腾退重复和错位支出，扩大公共服务有效供给，满足多样化公共服务需求。四是完善财政支出方式。通过盘活存量、整合项目、压减一般、不随意开口子等方式，强化县级财力统筹能力和支出保障水平。建立规范、公开、透明的财政支出管理模式，完善基本支出和项目支出定额标准体系建设。合理界定政府职能及财政支出责任范围，继续加大对落后地区和困难群众帮扶力度，促进城乡共同发展、区域协调发展，让小康成果普惠所有民众。五是积极争取中央及省里对湘江源头区域国家生态文明先行示范区和国家重点生态功能区以及作为南岭山地森林及生物多样性生态功能区所给予的均衡性转移支付资金，推动生态文明建设。通过努力，“十三五”时期继续保持财政支出持续较快增长，全市一般公共财政预算支出年均增长13.5%左右，力争到2020年达到660亿元。确保全市民生支出占公共支出的比重每年均保持在75%以上，并确保全市提前一年全面建成小康和2020年前全市所有贫困县实现摘帽及农村贫困人口全部脱贫。

四、着眼“现代财政”抓机制，向市民展现出“财政亮度”

“财政亮度”是指财政运行的透明度，包括工作的透明度和政策的透明度。要充分体现财政政策的导向性，全面提升财政法治化水平，促进会计工作转型升级，不断升级队伍管理、内部管理、机关管理，确保财政资金安全和财政干部的成长与廉洁。

财政工作是集执法、管理、监督于一体的重要职能部门，是社会关注的重点。即，有千万颗心在联想财政，有千万双眼睛在盯着财政，有千万张嘴在议论财政。为此，要求财政人必须做到令行禁止。言，为利于财政工作而言；行，为财政工作而行。这次我局开展“限时办结制、服务承诺制”活动，既是展现部门形象的平台，也是促进部门向社会加大政务公开力度的有力举措。对照建设学习型、服务型、效率型、开放型、法制型“五型机关”目标，全力加强机关软环境建设而言，还有许多工作要做，譬如，对承担的审批事项进行全面清理，不留一个死角；对办事程序、拨款程序、服务程序进行细化，明确各环节的责任人；严格按照公开承诺的内容，逐条、逐项抓好落实；对不履行服务承诺的人进行教育，促其整改或做出处理；严格办理时限，通过加强痕迹管理，以事实为依据，切实抓好行政问责的落实。近年来，市级部门集中“晒账本”，财政透明度有所提高，获得了社会各界的好评。今年起，我们深入推进财政信息公开工作，促进财政公开工作制度化、规范化、常态化。财政公开，重点是要落实财政信息公开、预决算公开和“三公”经费公开等工作，以公开促规范、以规范促管理、以管理促实效。我们在希望社会各界加强对财政工作的监督、支持与理解的同时，也将抓好财政改革政策、财政惠民政策、财政惠企政策公开工作，进一步提升财政工作的透明度。当前，财政部门处于职能回归窗口期，正由政府的“管家”向参与国家治理转变。我们要下大力气，建立起统一的税收制度和事权与支出责任相适应的财政制度，提升财政保障能力，厘清政府与市场的作用边界，同时，通过取消挂钩机制和专款专用规定、清理整合专项、编制中期财政规划，恢复财政职能的完整性，提升财政地位和话语权。

从深层次来说，财政部门思想上的解放，主要是要消除思维方式上的“旧”、改革创新上的“怕”、干事创业上的“懒”、工作作风上的“虚”。但现实是，相当多的财政干部只注重具体事务的操作，对一些在工作实践中推出的新举措、新亮点不善提炼；敏感性的工作总是躲而避之，不敢闯也不敢试，缺乏胆识和魄力；或者在面临各种矛盾的压力和挑战时，没有只争朝夕、如履薄冰的紧迫感，工作缺乏激情，只满足于交差应付；各项财政改革虽能平稳推进，取得一定效果，但没有一个像样的精品工程，工作缺乏深度和创意。以上这些显然是与我市实施追赶发展极不相符的。就财政工作而言，思想解放了，理财思路才能变新变宽，工作方法才会更多更灵活，在诸多困难面前，也才会更有信心和决心。借用江苏人经常讲的话“失去一次机遇，就会落后一个时代”，我想说，财政工作作为党和政府工作的着力点和落脚点，为了能跟上新时代步伐，必须认清形势、把握大局、抢抓机遇，全面树立九种意识，那就是发展意识、忧患意识、大局意识、创新意识、拼搏意识、责任意识、精品意识、服务意识和公仆意识。

（永州市财政局政府债务管理科）

绩效与监管

JIXIAO YU JIANGUAN

加强移民资金监管
促进农村经济社会发展

刘亚屏

我市是湖南省水库移民大市，移民人口多，涉及面积广，移民工作任务艰巨。现有大中型水库55座，占全省大中型水库总数的11.6%，享受国家大中型水库移民后期扶持政策人口24.523万人（含三峡移民1362人），在全省14个市州中处于第五位。移民工作涉及全市13县区的166个乡镇（场）、1332个行政村。2006年国家实施新移民后期扶持政策以来，我市累计投入移民资金23.63亿元，如何运行好、使用好，管理好移民资金，使广大农民群众能真正受益，是新形势下摆在纠风工作面前的一大课题。

一、我市移民资金管理中存在的主要问题

（一）项目安排随意性大

1. 村级申报项目不规范

村级没有整体发展和建设规划，很多项目申报时没有考虑大多数人受益、老百姓急需、着眼村里长远发展的原则，而是按村干部个人或家族利益最大化、优先修村委会和广场等面子工程的原则申报。

2. 县区移民部门随意确定项目

部分县区移民部门安排项目计划时不是从规划中挑选项目，而是优先考虑照顾关系来安排项目，甚至安排了不符合移民专项资金使用要求

的项目。如一些生产开发项目安排了数十万甚至上百万资金，仅仅投资者受益，未明确要求投资者履行带动其他百姓受益的责任，也未评估项目实施后带来的经济效益、社会效益及环保效益等。

3. 资金安排缺乏统筹协调

目前，移民资金实行分块管理，移民部门之间沟通不足，整体协调不够，使资金分配在使用方向、实施范围、建设内容、项目安排等方面存在重复和交叉，甚至出现资金安排超过项目投资金额的现象。如通村公路的建设既有交通局、移民局，也有发改委、扶贫办等，小型水利建设既有水利局、移民局，也有农业、扶贫等部门。

（二）项目实施监管不到位

1. 不按规定招投标

很多30万元以上甚至200多万的建设项目没有按规定进行公开招投标，有的违规设置招标条件致使无法成功招标，以个别谈判的方式确定项目施工方。我市有一个县对移民资金建设的公路项目9000多万元进行招投标，但违规设置了高达30%的、总金额达3000多万元的招标响应金，因没有足够的投标人响应而招标失败，后来以个别谈判的方式确定了项目施工方。

2. 设计、监理、验收工作不到位

除交通部门建设的公路项目、林业部门建设林业开发项目、水利部门开展的水利项目有各自单位的专业人员监管外，其他如农业、发改、移民、扶贫部门在建设公路、林业、水利等项目时，很多时候是由村委会自行设计、自行监理、自行验收的。部分项目基本没有进行设计，村干部看看施工现场即为监理，签个名即算验收。各县区或乡镇没有一个专门监管农村项目建设的机构，工程建设的质量不能得到有效监督，部分工程不能达到设计要求，不能按时完工，导致项目不能及时发挥应有的社会效益和经济效益，甚至出现安全生产隐患。如道县武家滩村秀峰庙大桥垮塌事件，事件发生的主要原因是设计、施工、监理工作不到位。

3. 擅自改变项目内容和资金额度

部分县区资金到位后，不按上级审批的规划、计划实施，擅自变更使用范围，改变项目实施地点，调整受益对象和改变补助标准。我市的某县在省移民局批复项目计划后，自行调整实施内容、地点及金额，并按比例违规提取勘察设计费。

4. 不落实公开制度

部分村委会未按要求对项目的申报、实施、资金使用等进行公示，部分县区移民部门未按规定对直补资金发放情况、项目计划安排情况、困难群众救助情况等进行公示，没有接受群众的监督，有“暗箱”操作的嫌疑。

（三）资金管理不规范

1. 内部控制形同虚设

部分县区移民部门未完全落实“四个不直接分管”要求，主要领导直接分管项目和财务，甚至存在付款时主要领导先签字同意，项目管理人员、财务人员、分管领导再签字的现象。

2. 资金出借给政府及个人，并长期未清理

我市有四个县区移民部门存在将移民专项资金出借给县乡政府、临时指挥部、个人等现象，累计金额达数百万元，有的借款已长达10多年。据调查，部分借款人已死亡，临时指挥部已撤销，借款无从追回。

3. 项目资金未通过银行付款到施工方，存在大额现金支付工程款的现象

目前，我市很大一部分移民资金是拨付到乡镇财政所管理的村级账户，部分财政所没有通过银行付款给项目施工方，而是由村干部以现金形式领出，施工方写领条领取工程款。部分发放给农民个人的补助资金也是拨付到村级账户后，由村委会以现金形式发放给农民个人。大额现金支付工程款不符合现金管理要求，同时还存在廉政风险。

4. 资金拨付不及时，存在滞留的现象

截止到2017年7月31日，我市共结存水库移民专项资金4.35亿元，其中，2015年及以前年度资金1.87亿元。根据国务院《关于印发

推进财政资金统筹使用方案的通知》〔国发〔2015〕35 号〕“对结余资金和连续两年未用完的结转资金，一律收回统筹使用”的规定，以上的 1.87 亿元资金必须尽快拨付使用。资金滞留的原因一是不按规定时间组织施工，工程进度缓慢；二是未及时进行项目验收，项目投资评审进度慢，影响了资金拨付；三是资金拨付环节多，影响了资金的使用效率。四是县区财政紧张，有意拖延资金的拨付。县区财政支出压力大、负担重，将资金用于保运转，保重点项目建设，从而影响了移民项目资金的及时拨付。

5. 财务管理混乱

部分县区移民部门由于编制不足，无法配备专业的财务人员，财务人员由没有会计专业知识的人员担任，无法保证财务管理工作质量。在检查中发现，开具虚假发票、过期发票、白条报账，报账资料不齐，审批手续不完整，会计核算不准确等现象时有发生。

二、问题形成的原因

（一）机制不健全

在移民资金管理上，制度不健全，体系不完善，从项目资金申报立项，到资金拨付、使用制度、项目管理制度、财务核算制度、责任追究制度等都存在很多不完善的地方，操作性差，不够明确具体，不够细化。移民部门各自为战、没有形成整体合力。乡镇没有建立移民项目建设的专门管理机构，组织开展项目设计、招投标、合同签订、监理、验收等。省市监管乏力，特别是省管县以后，省里管不来，市里管不着。

（二）部门责任落实不到位

各相关部门重资金分配权力，轻资金监管责任，安排资金时“插手”，监管资金时“甩手”，在项目立项、实施、验收、资金拨付、评估项目效益等环节监督不到位，责任落实不到位。目前，我市各县区的移民资金拨付流程主要有两种，一是经财政部门审核后，由移民部门通过国库集中支付系统以直接支付的方式付给项目施工方，二是经财政部门审核后，由移民部门通过国库集中支付系统以直接支付的方式付到乡镇财政所管理的村委会账户，再由村委会履行有关手续后由财政所付给施工方。在出现项目没有按规定进行招投标和财政投资评审、报账资料不齐全、大额现金支付工程款等问题时，移民部门、财政部门、乡镇财政所未切实履行监管责任，中止资金的拨付，没有落实好“谁主管、谁负责”的原则，执行相关规章制度不严格，在资金和项目管理监督上出现缺位。

三、几点建议

（一）完善移民项目资金分配机制

一是要按照统筹城乡经济社会发展的要求，实现一盘棋，在不断完善城乡发展规划的同时，科学、合理地编制好本县区移民项目建设规划，并编制乡镇、村具体的建设和发展规划。每年安排移民资金要以规划为依据，突出重点，统筹协调，减少盲目性，增强科学性，提高实效性。二是要加大对农业建设项目的财政整合力度，要避免资金分散，资金要用在刀刃上，避免部门之间、乡镇之间、村与村之间各自为政，自行建设，重复投资，低效益投资。根据建设发展规划，相对集中投入，分年分批实施，做到投入一个，生效一个，带动一片。

（二）理顺移民项目资金管理体制

一是要明确乡镇、各移民部门、财政部门（含财政所）在移民资金使用和管理中的职责分工，做到权责分明，责任到人。根据市纪委《全市深入推进“雁过拔毛”式腐败问题专项整治工作意见》（永纪发〔2016〕9号）中“实行多条渠道进水、一个池子蓄水、一个龙头放水”和“各级各部门为支持农村、社区基层建设或公益事业发展捐助捐赠的资金，均只能通过财政部门拨付到‘村账乡代管中心’银行账户”的要求，要进一步强化财政部门特别是乡镇财政所的监管责任。二是要建立包括项目立项、招投标、实施、投资评审、验收、资金拨付、绩效评价、后续管理以及公开公示等一整套规范、科学的管理制度，并严格执行。对资金的管理，财政部门应统筹各移民主管部门建立健全系统的管理制度，并监督执行，以规范资金使用。三是要建立定期审计、检查制度。县区纪检部门应统筹建立本县区的审计、检查制度，两年内对移民部门、乡镇、村至少开展一次以上的审计和检查，移民部门和乡镇主要领导离任及村委会换届时必须开展离任审计。要提高审计、检查工作质量，建立审计质量抽查、责任追究制度，对于明显的、重大的移民资金管理问题应予发现而没有发现的要追究审计检查人员的责任，对于审计检查发现的问题没有按要求整改的要追究相关人员的责任。四是强化市级财政部门和移民部门的监督指导职责，由市财政统筹移民部门建立监督指导机制，对招投标、投资评审、项目管理出台市级的指导意见，并进一步明确市级对县区的监管的权力和责任，并从考核、奖惩等机制上给予保障。

（三）加强移民资金项目管理培训

一是对移民部门的培训。要定期组织相关人员开展项目管理、资金管理业务知识及廉政培训。二是对财政部门及财政所相关人员的培训，要定期开展项目管理、各移民专项资金管理知识培训。三是强化村委会人员的培训，要印发简单明了的项目管理流程、资金拨付流程及审批表格。通过培训，不仅要增强有关人员资金、项目管理业务知识，还要增强法律意识和廉政意识，切实保障移民资金安全，加快农村经济社会发展。

（永州市财政局副局长）

PPP 项目投资控制的风险揭示

谢交发

当今，PPP 项目开展得如火如荼，一派大干快上只争朝夕的热闹场面，应该讲是对国发〔2014〕43 号文和新预算法大力规范地方政府举债行为、收紧违法违规举债口子，遏制地方政府系统性、区域性债务危机的政策导向的正确理解和行为释放。

PPP 确实是个好东西，可以解决地方政府负债的问题，减小和缓解地方政府债务的压力，提高基础设施和公共服务的供给效率。从宏观看，还有利于推动法制化建设，进一步推动市场在资源配置中的决定性作用，推动国家财税体制改革，倒逼地方政府在公共领域服务效率的提升。但同时 PPP 项目往往投资很大，动辄十几亿、几十亿，对县市区而言不是小数字，如果运作不规范，将给政府带来很大的负担，PPP 项目的投资风险控制不好，有如饮鸩止渴，加大财政压力。

一、缺乏全省统一规范的财政承受能力论证标准

当前情况看，湖南不同地方 PPP 推进的程度并不一致，甚至差异很大，一方面，是大家对 PPP 的认识不一致；还有一个技术原因，是不同地方对财政承受能力论证时的标准和要求执行不一致。财政部《关于印发〈政府和社会资本合作项目财政承受能力论证指引〉的通知》（财金〔2015〕21 号）第二十七条规定："在进行财政支出能力评估时，未来年度一般公共预算支出数额可参照前五年相关数额的平均值及平均增长率

计算，并根据实际情况进行适当调整”。在这个文件中，只要求参照前五年相关数额的平均值及平均增长率，根据实际情况适当调整，并没有明确规定具体如何调整，在实际工作中，演变成按当地政府的想法自由调整。激进的，将未来年度的支出增长率调整得很高，复利增长，十年、二十年、三十年后的一般公共预算支出高得有点悬乎，可以心安理得毫无障碍地上马众多投资巨大的 PPP 项目，仿佛一纸论证就解决了十年、二十年以后政府财力的增长问题。殊不知，不管设想政府一般公共预算支出如何增长，最终都需要政府有相应的财政支付能力，如果出现政府需要承担的支付责任远远大于其支付能力，这样做 PPP，不但不能减轻财政负担，反而会加剧地方政府的债务风险。

PPP 是一个新生事物，当初财政部出台财政承受能力论证指导文件时还没有什么经验和数据，中国这么大，不同地方的情况差异也很大，需要在实践中摸索、总结逐步明确和细化。这两年湖南的 PPP 蓬勃发展，有些县级政府落地的 PPP 项目已经达到几百亿之多，建议上级政府或相关职能部门，总之需要站在全局的高度和立场，尽快明确财政承受能力论证时一般公共预算支出基数和未来年度增长率调整因素及调整幅度，形成全国统一规范的财政承受能力论证办法，避免部分地区 PPP 过热严重加剧未来政府债务负担，走向了当初推行 PPP 减轻政府债务的反面；或者政府过于谨慎，在当前迎面扑来的 PPP 大潮中却错失大好的历史发展机遇。

二、工程造价控制是政府能否持续健康推进 PPP 项目的重要因素

现阶段，从入库和落地情况看，PPP 项目大部分集中在传统的基础设施建设领域，这一点从落地 PPP 项目的社会资本大部分是施工企业可以印证，施工利润因为其实现能力强、实现周期短、利润率较丰厚而成为社会资本追逐的主要投资回报。相应的，站在政府方立场，则建设投资控制是 PPP 项目投资控制的主战场，面对高度专业、“虎视眈眈”的施工企业，政府方如不能高度重视并有效控制建设投资，其造成建设投

资增加甚至投资浪费，当初引进社会资本对政府的利好就会被吞噬，甚至会“引狼入室”，造成政府债务负担大幅增加。

PPP 项目按其回报方式分为经营性项目、非经营性项目、准经营性项目。理论上，经营性项目无须政府太多关心造价控制，这种项目投资回报全部来自项目经营收益，社会资本会在满足项目合同要求的产出绩效要求的前提下，主动降低成本节约支出，提高收益。也有一种情况例外，那就是项目失败社会资本退出，需要洽谈退出补偿的情形，如果政府方对项目建设造价没有控制，在谈判中可能会陷入被动，不利于补偿谈判的有序可控的推进。

对于非经营性项目和准经营性项目，尤其是非经营性项目和投资回报主要来自政府付费的准经营性项目，项目建成后的维护费用与建设投资相比往往小很多，项目建设是社会资本赢取回报的主战场，自然也是政府方控制投资的主战场。在这两年实施的政府付费类型的 PPP 项目中，建设投资确实存在不断突破的迹象和风险。在项目合同中，对建设造价控制的约定基本上是“建设造价按政府财政评审结果或者审计认定的金额为准”，没有其他更多的控制措施，更没有形成体系。在这种情况下，社会资本只承担了工程造价真实性的责任和风险，而造价经济性、合理性的控制风险全部由政府承担。作为施工承建单位的社会资本，建设造价的提高，对于其施工利润和投资回报而言是有利而没什么风险的，自然是其追逐重点，需要引起政府方的高度重视。

三、不重视 PPP 项目建设前期工作

当前一些地方政府简单地把 PPP 项目当作招商引资工作来抓，一切工作围绕着如何能“招商引资”成功，一切都可以谈，一切都可以变，只要社会资本愿意来，项目内容可以变，项目投资金额可以调，甚至项目名称也可以改。应该肯定，地方政府对待招商引资工作是非常诚恳、非常重视的。但是他们忽视了 PPP 项目工程建设属性，对于工程项目而言，建设投资是变化的，受政策、市场、气候、地质条件甚至时间等诸

多因素影响而可能改变，需要持续动态地管理和控制，不是一成不变一劳永逸的。如果建设投资不经济不节约甚至出现浪费，招商引资的初衷和目的就会大打折扣甚至适得其反。

到目前为止，湖南省 476 个 PPP 项目中，有 347 个项目的回报机制为可行性缺口补贴和政府付费，占项目总数的 72.9%。这类项目属于准经营性项目或者非经营性项目，它们跟纯经营性项目不同，项目产出对社会资本投资回报的影响有限甚至没有影响，对社会资本影响较大或者影响很大的因素是 PPP 项目的建设投资额，社会资本作为企业，势必遵守资本逐利性的天然规则，自然不会希望项目建设投资额小，而会希望建设投资额大一点。站在政府的立场，准经营性项目和非经营性项目建设投资控制是非常重要的工作。

而一切建设投资管理和控制的基础是建设项目的前期工作，只有前期工作认真、扎实，才能为建设投资控制工作打下坚实的基础。前期工作中可行性研究报告的经济分析和投资估算，是整个建设造价控制的龙头和前提，随意地变更项目内容和项目投资估算，根本谈不上前期工作的质量，自然就谈不上对建设投资的控制效果，一个 PPP 项目究竟需要多少建设投资，这种情况下地方政府自己都没底，哪里还谈得上控制的基础？哪里还谈得上控制的效果？建设投资只能随波逐流、任其发展，受伤的很可能是政府。

在中央大力规范地方政府举债行为的大背景下，地方政府更需要精打细算，把有限的财力认真统筹，多做一些 PPP 项目。这就要求我们高度重视 PPP 项目的建设前期工作，把项目的经济分析和投资估算扎扎实实做好。为了方便招商引资，可以按单个子项目做工作，不管引进的社会资本合作做哪些项目，投资控制的基础都有效、都够用，这样尽量准确地规划项目投资，科学地统筹开展 PPP 工作，才能把有限的财力用好用够。

四、PPP 项目工程设计勘察风险控制不到位

现在的 PPP 项目，有两种现象，一种是政府方大包大揽，把所有的

勘察设计工作都做好，社会资本进来，只需要按图施工、建成后管理运营就行了，建设过程完全按传统的建设项目思路做；一种是政府方放手不管，勘察设计等都让社会资本去做，政府方觉得“抓住”审计或者财政评审就什么问题都解决了。实际上，事后的审计或者评审最多只能满足造价真实性的需要，即杜绝高估冒算、弄虚作假，但是社会资本按设计施工图实实在在做了的、事实发生的，审计或者评审只能给，工程设计是否科学、合理、经济、适用，地质勘查是否翔实、细致，不是事后的审计或者财政评审所能解决得了的。

建设类的 PPP 项目，现阶段施工利润是最直接也是对社会资本吸引力最大的获利点，社会资本往往希望工程设计标准高一点、范围大一点、系数富余一点、造价高一点，这样的工程对施工要求相对宽松一点，施工利润相对丰厚一点。如果完全由社会资本主导设计，很难指望他们能积极主动谋求从设计环节入手，求得工程设计的经济适用性，更多的时候，可能会有意无意地做大建设造价，这对政府方而言，无疑是很不利的。

对需要更多从战略和发展高度定位如城市标志性工程等项目，建议由政府方负责或主导设计；其他项目设计建议由社会资本负责或主导，充分发挥社会资本在专业方面的经验和优势，政府可以超脱一点。

对社会资本方负责或主导设计的项目，尤其是准经营性项目和非经营性项目，投入产出联系和约束机制不明晰，政府方有必要开展设计优化工作，从源头控制建设投资，对不必要的提高标准、提高品质、扩大范围现象，在保证工程安全、环保和功能的前提下开展设计优化，因工程设计缺陷导致重大功能受限影响公共服务绩效的，其风险和责任由设计实施方承担，相应设计变更需增加的造价由设计实施方按相关合同协议承担，在设计环节实现建设投资的必要性和经济性，避免浪费。

（永州市财政局党组成员、副局长）

永州市公共资源交易领域腐败问题防治实践及对策思考

李四君

公共资源交易领域涵盖工程项目招投标、政府采购、国有土地使用权出让和矿产资源开发管理、国有资产处置等方面，涉及部门行业多、专业性强、资金量大，是廉政风险易发多发的重点领域。近年来，永州市在防治公共资源交易领域腐败方面进行了有益的探索，取得了一些成效，但还存在一些不容忽视的问题，需要引起高度重视，切实加以解决。

一、近五年我市公共资源交易领域腐败问题防治的主要做法和成效

（一）强化组织领导夯基础

1. 领导重视程度高

2014 年，我市建立了“一委（公共资源交易管理委员会）一办（公共资源交易管理委员会办公室）一中心（公共资源交易中心）”的公共资源交易管理体制架构。市公共资源交易管理委员会组织架构规格高，由市长任主任，常务副市长、相关市级领导任副主任。在市委、市政府的高度重视下，市公共资源交易管理委员会办公室和市公共资源交易中心相继成立，“集中交易、分散执法、综合监督”的公共资源交易运行机制在我市基本形成。

2. 平台整合工作持续推进

根据省政府办公厅《关于印发〈整合建立统一的公共资源交易平台工作实施方案〉的通知》（湘政办发〔2015〕95号）精神，一个市州只能建立一个统一的公共资源交易平台。在此《通知》下发之前，我市除冷水滩区、永州经济技术开发区外（按规定，两个区的项目要统一进市公共资源交易中心交易），其他大部分县区已建立公共资源交易平台。为落实上述通知精神，今年上半年，市公共资源交易管理委员会办公室代拟了《永州市整合建立统一的公共资源交易平台工作实施方案》，经市政府研究通过后已报省政府审议。

3．专项整治和典型案件查处力度大

2009年，我市按照中共中央办公厅、国务院办公厅《关于开展工程建设领域突出问题专项治理工作的意见》，成立了市工程建设领域突出问题专项治理工作领导小组办公室（由市纪委、市监察局管理，根据我市政府职能转变和机构改革方案，该办公室已于2015年1月撤销）。2011—2014年，全市重点查处了“零陵中路平战结合人防工程项目”招投标中的违规问题等一批工程建设领域典型案件，4年共立案113件，给予党纪政纪处分77人。市纪委监察局查处了书香华庭D2地块房地产项目串通投标案、市食品药品安全应急指挥中心项目规避招投标案并公开通报。

（二）注重改革创新提水平

1．推进平台建设，实现阳光交易

2014年1月市公共资源交易中心正式成立运行后，项目进场基本实现信息统一发布、场地统一安排、交易统一监督、保证金统一收退“四个统一”。两年多以来，平台建设不断推进，设立了3个评标室、3个开标室、2个变声询问答疑室、2个音频视频监督室。另外，市公共资源交易中心已建成操作方便、功能较全的门户网站，国有土地使用权出让实现了网上报名、文件下载、网上竞价、信息发布、法律法规查询等功能。

2. 完善监管制度，规范权力运行

2014 年，市政府印发《永州市公共资源交易管理暂行办法》（永政办发〔2014〕22 号），明确了全市公共资源交易工作的组织机构及职责分工、入场范围及项目、交易方式及程序、监督检查和责任追究机制。今年 6 月，市政府又出台了《永州市加强市本级公共资源交易管理若干规定》（永政办发〔2016〕23 号），对项目报批、异地交易等做了进一步规范。

3. 运用科技手段，强化信息支撑

我市在公共资源交易信息平台建设过程中，注重通过信息化手段的运用延伸监控触角，提高科技预防腐败的能力。目前市公共资源交易中心已投入使用的音频视频监控系统，可以对公开评标活动进行全程监督，并自动刻录光盘存入档案。此外，广播系统和语音对讲系统、保证金系统、CA 系统、评委抽取系统和政府采购公开招标业务系统基本建成并上线试运行。

（三）坚持多管齐下显成效

1. 相关领域腐败问题的防治积累了初步经验

近年来，我市相关职能部门结合实际、突出重点，采取了一些积极措施防治相关领域的腐败问题，取得了一定成效。市发改委通过认真把控招标事项核准关、配合并规范应用全省统一的综合评标专家库等措施，加强了对招标投标市场的监管。市财政局明确了政府采购范围和标准、完善了采购流程，进一步规范了政府采购行为。市财政局、市国资委大力推进资产管理制度建设、严格规范产权转让行为的审核审批、积极稳妥开展资产管理工作，夯实了国有资产处置工作的基础。市国土资源局全面实行土地使用权网上招拍挂，并坚持规范操作、信息公开、集体决策，对规范我市国土资源交易市场秩序发挥了积极作用。

2. 公开、公平、公正的公共资源交易市场秩序初步建立

公共资源交易管理模式的全面推行，不仅在节约与控制财政支出、降低企业成本、优化国有资源配置、提高经济社会效益等方面发挥了巨

大作用，而且在规范市场秩序、促进企业经营机制的转换和竞争能力的提高、推动政府职能转变方面也产生了积极影响。

3. 市场配置资源的功能得到较好发挥

公共资源交易工作的不断推进，使市场配置资源的基础性作用得到充分发挥，资源配置的效益显著提高。自 2014 年 1 月成立运行至 2016 年 6 月 20 日，市公共资源交易中心共完成工程招投标、政府采购、产权交易、国土资源交易等各类交易 1573 宗，实现交易总额 115.5 亿元，累计节约财政资金约 3.8 亿元。

二、目前我市公共资源交易领域存在的主要问题

（一）法纪意识不强，干预公共资源交易的情况仍然存在

个别领导干部或对国家法律法规学习不够、理解不透彻，依法行政意识不强，或受利益驱使，干预公共资源交易的现象仍然存在。主要表现在四个方面：一是干预招标方式。法律法规对招标方式的确定条件有明确规定，但现实中，对于一些按《招标投标法》规定应当公开招标的项目，个别业主单位以种种理由拖延时间，最后以时间来不及或其他理由，请求有关领导批示或主持会议研究，再凭领导批示、会议纪要规避公开招标，或在招标文件中违规设置排他性条款。二是干预招标地点。按相关规定，招标投标应坚持“就近进场”的原则，但市、县区都存在一些业主单位请求领导批示异地招标，从而不进公共资源交易中心，逃避监管的问题。三是干预政府采购。部分单位漠视《政府采购法》关于“办理政府采购，必须进行政府采购预算”的规定，以种种理由请求有关领导批示增加政府采购事项，导致财政部门编制的政府采购预算常有增加，严重影响了政府采购预算的刚性；个别领导不严格遵守《政府采购法》有关规定，批示同意一些应当公开招标采购的项目以非公开招标形式采购。四是干预招标投标结果。在招投标过程中，个别领导采取私下打招呼或委托他人出面的隐蔽方式，暗中为特定投标人“做工作”，影响了公共资源交易市场的公平公正。

（二）一些机制和制度建设与国家法律或有关文件精神相冲突

本次调研发现两个明显的问题，一是《永州市人民政府关于促进房地产市场平稳健康发展的意见》（永政办发〔2014〕17 号）第四条（二）规定“除国有或国有控股的房地产项目外，其他房地产项目可以由开发企业自主直接发包，选择勘察、设计、施工、监理单位”，这一规定违反了《招标投标法》第三条关于“大型基础设施、公用事业等关系社会公共利益、公众安全的项目必须进行招标”以及《工程建设项目招标范围和规模标准规定》（国家计委令第 3 号）第三条关于“关系社会公共利益、公众安全的公用事业项目的范围包括：（五）商品住宅，包括经济适用住房”的规定。二是我市公共资源交易体制改革后，原有的“政府采购中心”成为市公共资源交易中心的内设机构“政府采购交易科”，失去了独立法人资格，与《国务院办公厅关于印发整合建立统一的公共资源交易平台工作方案的通知》（国办发〔2015〕63 号）关于“各级公共资源交易平台不得取代依法设立的政府集中采购机构的法人地位”的规定相冲突。

（三）公共资源交易管理体制机制有待进一步理顺

一是权责边界不清，导致部门争权。如对于高速公路服务区建设项目的招投标，交通部门认为服务区属于高速公路的组成部分，应由交通部门监管，但住建部门认为对服务区的房屋建筑工程具有法定监管职能；对于工业厂房建筑的招投标，发展改革部门和住建部门均认为本部门有监督执法权；对于建筑装饰装修工程的招投标，经信部门和住建部门均认为本部门有监督执法权。二是中心城区建设工程招标投标的监督机制不顺。目前市中心城区规划区内建设工程招投标共有市发改委招标办、市建设工程招标办（设市住建局）、冷水滩区、零陵区、永州经开区三个建设工程招标办（设三区住建分局）、市建筑装饰装修招标办（设市经信委）、市公共资源交易中心等 7 个监督管理机构，实际工作中，7 个机构处于各自为政的状态，“7 驾马车各自拉着同一车货”。上述两个方面的问题经常造成不同部门交叉、重复监督执法，又极易导致相互推诿、监督缺位，不利于招投标领域腐败问题的防治。三是监督部门和交易平台的关系亟待理顺。按照《永州市加强市本级公共资源交易管理若干规定》，市公共资源交易中心是市本级公共资源的交易平台，市监察、发改、财政、住建、国土、交通等行业主管部门依法依规根据各自职责，对本部门本行业的公共资源交易活动实施监督。作为交易平台，市公共资源交易中心组织公共资源交易活动时应当接受有关行业主管部门的监督。但在实际工作中，市公共资源交易中心对自身职能认识不到位，行业主管部门的监督实施不畅。调研中，好几个行业主管部门都特别提出了这个问题。

（四）公共资源交易中心建设和运行不规范

目前，市本级和绝大部分县区的公共资源交易中心已组建完毕并正式运行。但当前存在三个方面的问题，一是应进未进的问题。按我市公共资源交易管理相关规定，市本级、冷水滩区、永州经济技术开发区的公共资源交易活动均应进入市公共资源交易中心，但现在冷水滩区、永州经济技术开发区的项目还没有进入市公共资源交易中心，不便于集中监管。二是公共资源交易平台整合工作任务重。按照省里要求，公共资源交易整合范围是工程建设项目招投标、政府采购、国有产权交易、土地和矿产权交易、医疗器械耗材集中采购、企业排污权交易全部一个平台。整合的层级是各县区、园区全部整合到市一级，顺势而为，不留尾巴、不开口子。但目前，我市大部分县区已建成公共资源交易中心，有的县区还存在多平台交易的情况，“全市一个交易平台”的整合工作任务还很艰巨。三是一些县区的公共资源交易管理体制改革有违法定职能精神。双牌县已撤销了建设行政主管部门的招投标监管办，并将县建设工程招标投标办的职能划入县公共资源交易中心，东安县出台的机构改革整体方案也打算这么做，这种做法混淆了公共资源交易服务平台和行政主管部门的职能，明显违背了国家、省、市关于“推进公共资源交易服务、管理和监督职能相互分离”的监管机制建设的精神。

（五）公共资源交易各参与方行为失范的局面没有得到完全扭转

招标人、投标人、招标代理机构是招投标活动的三个重要参与方，当前，这三个重要参与方在招投标活动中的一些失范行为，导致公共资源交易领域的乱象丛生。一是招标单位行为失范。主要表现为：有的利用上级批示或有关会议纪要规避公开招标，或在招标文件中违规为特定投标人量身定做中标条件、设置排他性条款，利用业主评委诱导评标委员会的评标方向，从而进行明招暗定、围标、串标等违法操作；有的只拿出应公开招标项目的一部分进行公开招标，其余则私下直接发包；有的违规缩小招标公告的公开范围和时限，不依法依规在指定媒介发布招标公告，使一些投标单位不能及时知晓招标公告而丧失投标机会；有的在招标后不与中标人按照招标文件及投标文件签订合同，或者签订“阴阳合同”；有的在工程项目建设过程中任意变更设计、低价中标高价结算，导致招投标行为没有起到节约财政资金的作用。二是招标代理机构行为不规范。主要表现为：永州本地共有 11 家招标代理机构，外地来永开展业务的招标代理机构有 40 余家，后者绝大部分都没有固定的办公地点，从业人员不固定，来源广泛、鱼龙混杂；招标代理机构从业人员门槛低，一部分人专业水平和职业道德偏低，不能为招标人提供优质、专业的代理服务，而是把心思放在迎合招标人、投标人的不正当意愿上，透露招标投标信息，帮助实施明招暗定、围标、串标等违规操作。三是投标人违法经营和诚信缺失现象屡有发生。主要表现为：为达到中标目的，与招标人、评委进行权钱交易，搞围标、串标活动；中标后偷梁换柱，对中标项目进行转包和违法分包等。

（六）评审专家库的建设和管理亟待加强

目前，我市工程建设和政府采购的评审专家库分别由市发改委、市财政局管理。这方面存在的问题主要有三个方面：一是评审专家库没有得到及时充实和调整，专家库建设滞后于实际需要。全省综合评标专家库由省里统一建立，但 2013 年以后省里没有组织新的专家入库资格考试，以致我市新成长起来的符合条件的专业人士不能及时通过考试加入评标专家库中，部分行业专家数量不足，随机抽取时选择有限，再加上一些专家因距离远等原因长期不参加招投标，导致参加评标的专家经常是一些“老面孔”，客观上给招标人、投标人联合评审专家开展违规活动提供了方便。二是专家抽取端口不能满足实际需要。目前省里只给了我市一个随机抽取全省综合评标专家库的端口（设市发改委），所有县区如果按规定开展招投标活动，都要到市本级端口统一随机抽取评审专家，这给距离中心城区较远的南六县招投标组织工作造成了很多困难，导致县区违规组建评标委员会。三是对评审专家的培训和监管不够。管理部门没有建立对评审专家的定期培训制度，近几年发改部门没有开展对评委的教育培训，专家库成员知识结构更新慢、自主意识不强、依法评标意识弱化的问题日益突出。

（七）监管力量薄弱，监督执法乏力

一是监管队伍建设弱化。公共资源交易体制改革后，市、县区级建设工程招标投标办的职能和人员力量没有得到加强，有的县区还被削弱。目前，我市仅有市本级和冷水滩、零陵、经开区、道县、东安还设有专门的建设工程招标投标办（按照东安县机构改革总体方案，该县建设工程招标投标办的职能也将划入县公共资源交易中心），有专门的人员编制和经费来源，其他县都是由有关行政部门内设股室承担监管职责，没有专门的人员编制和经费来源。此外，设在市发改委的市公共资源交易管理委员会办公室，只有两名工作人员，其中一名还要负责市发改委驻政务中心窗口值班工作，人员力量严重不足。二是执法手段不足、执法力度不大。围标、串标、出借冒用资质等招投标领域的典型违法违规问题，经常涉及对投标人投标保证金的资金往来账户调查等问题，而目前招投标监管部门客观上监管手段和力量有限，主观上积极与公安经侦、纪检监察等部门沟通衔接、争取支持配合的力度不够，导致对一些典型案件的查处力不从心，处罚失之于软、失之于轻，起不到应有的震慑作用。

（八）系统建设滞后

一是电子招投标系统建设滞后。根据省水利厅的要求，今年 7 月 1 日起全省水利项目要全面推行电子招投标，省公共资源交易中心已建成电子招投标系统，并决定开展电子招投标系统试运行工作。但我市电子招投标系统尚未与省电子招投标系统对接，不能按要求开展电子招投标工作。二是政府采购网站系统建设和维护不力。主要是市、县区与省政府采购网的对接不顺畅，一些容量大的文件常常无法成功挂网，客观上造成部分采购信息公开不及时、不完整。三是资产管理信息系统平台建设滞后。不能实现对国有资产的动态管理，给国有资产处置的监管增加了难度。

（九）财政评审刚性作用发挥不够

财政是经济监督的综合部门，投资项目评审应坚持“预算不能超概算，决算不能超预算”的原则。这方面存在的问题主要有两个：一是应评审而未评审的问题仍然存在。一些工程建设项目、政府采购项目未经财政评审，就进行了招投标或施工；一些待出让的国有土地、待处置的国有资产只经评估未经财政评审，直接进行招拍挂和资产处置。二是虽经评审，但突破预算评审进行决算的问题大量存在。突出表现为招投标项目工程量变更随意，决算超预算的问题大量存在。据市财政投资评审中心反映，目前全市经过财政评审确定项目预算并公开招投标后变更工程量（一般是增加工程量）的项目高达90%以上，导致财政投资项目的决算总是超过预算。变更的工程资金成了财政审核和监督的真空地带，容易导致腐败现象的发生。

三、对策建议

（一）提高依法行政意识，杜绝人为干预

一是要加强对权力集中部门、资金密集领域领导干部的廉政教育和法治教育，促使其摆正权与法的关系。各级领导干部要以身作则并引导、

督促有关市场主体严格按照《招标投标法》《政府采购法》等法律法规参与公共资源交易活动，支持鼓励公共资源交易各监督管理机构依法开展监管活动。二是要严格执行省纪委、省监察厅印发的《严禁违规插手干预公共资源交易活动“九不准”规定》，对违反规定的行为，一经查实，按照有关规定严肃处理。三是要建立防止利益冲突机制，制定出台严禁领导干部插手公共资源配置的相关规定，并将防止利益冲突范围扩展到领导干部的亲属及其他特定关系人。四是要公开权力阳光运行。推进公共资源交易权力运行过程、结果和信息公开，加强对重点领域、重点岗位的风险防控。推进权力运行制度化、电子化，用制度、电脑管住人脑，真正把权力关进制度的笼子里。从有关媒体了解到的信息看，一些地区在这方面做了非常有益的探索，如广东佛山市探索国资系统 ERP 廉政风险科技防控系统，全程实时监控审批采购等权力的运行，对防治领导干部插手公共资源配置起到了重要作用，我市可以组织学习和借鉴先进做法。

（二）加强制度建设，提高制度规范性和约束性

当前，市本级公共资源交易体制改革正在深入推进，各县区的相关工作也在紧锣密鼓地开展。我们认为，当前很有必要对全市公共资源交易领域有关制度进行一次全面清理，让制度先行，引领全市公共资源交易领域改革的方向。建议由市法制部门牵头，各行业监管部门参与，在深入学习《招标投标法》及其《实施条例》，《政府采购法》及其《实施条例》，以及国家、省关于公共资源交易体制改革有关规章制度的基础上，清理完善我市的配套制度，及时废止与法律法规相违背的规定，及时纠正与法律法规相违背的做法，确保我市公共资源交易体制改革方向正确，为规范公共资源交易市场打下坚实的制度基础。

（三）理顺监管体制，形成监管合力

建立统一规范的公共资源交易市场，坚持政府主导、管办分离、集中交易、规范运营、部门监管、行政监察，充分发挥市场配置公共资源的基础性作用。一是对于建设工程招投标领域权责边界不清、部门争权的问题，建议由市建设工程招标投标办尽快将有关问题的处理建议及依据专题报告市政府，由市政府牵头研究处理办法，厘清部门之间的监管权责边界，改变“有的事情抢着管，有的事情没人管”的不良局面。二是对于中心城区建设工程招标投标监督机制不顺的问题，除了划清不同部门之间的权责边界外，还要划清市、区建设工程招标投标办的权责边界，建议由市建设工程招标投标办结合工作实际拿出方案，由市住建局审定并印发，以落实项目监管责任，避免出现监管“死角”。三是对于本次调研中各行业主管部门反映强烈的与交易平台关系未理顺的问题，《永州市加强市本级公共资源交易管理若干规定》虽已明确前者负监管职责，后者是交易平台，但目前实践中已经出现的矛盾，的确在一定程度上削弱了监管部门的监管职能，这一问题应当引起高度重视。建议市公共资源交易委员会加强协调和调度，支持监管部门理直气壮履行监管职能，督促交易平台积极主动接受和配合监管。

（四）加快整合并规范管理公共资源交易平台

一是加快推进公共资源交易平台整合工作，确保在规定的时间内完成整合任务，将工程建设项目招投标、政府采购、国有产权交易、土地和矿业权交易、医疗器械耗材集中采购、企业排污权交易等公共资源交易职能整合到统一的平台，在全市整合交易服务信息系统，打破信息壁垒，实现开放共享。二是加强对县区公共资源交易管理体制改革的监督和指导，建议市公共资源交易管理委员会办公室在整合全市公共资源交易平台的同时，及时将目前一些县区违法为交易中心确定职能的问题汇总报市公共资源交易委员会，以及时纠正将监管部门与交易平台混为一体的错误做法。三是同步推进平台整合和平台建设工作，加强市公共资源交易中心的软硬件建设，确保符合有关要求和实际需要。

（五）强化交易主体监管，打造有序市场

一是统一招投标运行程序和规范化管理，限制自由裁量权。建议大力实施工程量清单招标法，由招标人提供包括统一工程清单的招标文件，投标人根据招标文件中的工程量清单及有关要求进行投标报价。探索使用同等质量条件下最低价中标规则，减轻评标专家主观因素的干扰。二是加强对招标人的监管。重点是加强对招标文件的审查备案，发现招标文件有违反法律法规内容的，责令招标人及时改正；督促执行信息公示制度，除涉及国家安全和秘密的项目外，应在指定媒介将工程招标信息等方面的情况和监管单位监督电话等内容向社会公示，给潜在投标人提供公平竞争的机会；加强对异地评标的制度化管理，严格落实《永州市加强市本级公共资源交易管理若干规定》关于“确需异地交易的，由分管领导签署意见、市公共资源交易委员会主任同意后报市长审批”的规定。三是加强对招标代理机构的监管。监管部门要督促投标人按有关规定，在坚持招标代理机构比选制度的基础上，自行选择招标代理机构。大力推行招标代理合同备案制度和招标代理专职人员实名承办制，招投标监管部门在受理招标文件备案时，应严格审查招标代理专职人员落实情况。四是加强对投标人的监管。重点完善招投标市场诚信体系建设，在《湖南省建筑市场违法违规不良行为记录公布制度》和《永州市建筑市场诚信等级评定暂行办法》的基础上，逐步建立统一的信用信息平台、信用评价标准和信用奖惩机制。招标人应当认真比对不同投标人的招标文件，通过报价错漏一致、管理班子成员部分雷同、授权同一人作为投标人代表等关键细节，甄别围标串标嫌疑，并作废标处理。加大打击对行贿、围标串标等行为的力度，健全失信惩戒和“黑名单”等制度，建立行贿档案查询制度，增加投标人违法风险和成本。五是加强标后监管。招投标管理机构、建筑市场管理部门及项目业主要加强对项目施工现场的巡查，实行项目管理关键岗位人员现场立牌公示和标后检查制度，尤其是要加强对“八大员”等项目部关键岗位人员的标中管理。通过定期和不定期相结合的方式，检查中标单位现场管理人员到位情况，及时发现和查处投标人冒用资质、转包和违法分包等问题。六是严格执行《永州市招标投标市场十条禁令》。对招标人、投标人、招标代理机构违反禁令的相关行为，该责令整改的，及时责令整改；该上报不良行为记录的，及时上报不良行为记录；该限期不准在永州市行政区域内从事招标投标活动的，严格按期限做出市场禁入处理。涉嫌违法犯罪的，移送司法机关追究法律责任。

（六）调整充实专家库人员结构，优化评标专家管理

一是调整充实评标专家库。市发改委要积极向省发改委汇报和衔接，争取允许我市更多符合条件的专业人士加入评标专家库，增加专家库中专家的数量，减小招标人、投标人与评标专家熟悉的可能性，防止投标人通过对每一个专家行贿的方式达到中标目的。二是争取增加评标端口。建议由市发改委负责积极向省发改委汇报，请求省发改委充分考虑南六县距离市中心城区路途较远的实际情况，在南六县开通一个评标专家抽取端口，解决南六县抽取评标专家不便的问题。三是加强评标专家的培训和继续教育。市发改委要建立评标专家定期培训制度，组织开展业务培训和法律法规教育，提高专家的评标水平和依法、廉洁从业意识。四是健全专家选聘和退出机制。市发改委、市财政局要依据省相关制度完善我市专家库管理办法，强化对专家的责任追究。按照《永州市招标投标市场十条禁令》，评委不称职，评标错一次的，半年不得担任评委；评标错两次的，取消评委资格。对违法行为，要依法追究法律责任。

（七）加强监督力量，加大执法力度

一是加强招投标监管队伍的力量。重点要加强市公共资源交易管理委员会办公室的人员力量，充实市本级和各县区建设工程招标投标办的人员力量和经费来源，以便其开展监督管理和案件查处工作。二是健全部门联动的惩戒机制。严查领导干部干预公共资源交易的腐败案件，严查违规私自发包、围标串标、转包和违法分包等典型案件，并加强典型案件公开通报力度，形成强烈震慑，增加腐败风险和成本。

（八）加快系统建设，提高运用科技手段防治腐败能力

一是加强与省对接，积极开展电子评标系统建设。大力推行电子招投标，实现招标人网上发布招标文件等信息、投标人网上报名，并在开标前对招标人资格进行初审，开标后对排序前三名的投标人资格进行复审及考察。这样既可以解决招投标成本，又可以防止投标人之间围标串标现象发生，提高科技预防腐败的水平。二是加强政府采购网和资产管理信息系统平台建设。根据湖南省政府采购网建设要求，统一市、县区政府采购网的信息公开，广泛接受社会监督。推进资产管理信息系统升级，增加动态管理、实时监控功能。

（九）切实发挥财政评审的监管作用

一是严格工程变更管理，维护财政评审预算的刚性。严格执行设计变更审批制度，切断投标人标前承诺、标后违诺的“利益链”。加强设计招标，比选优秀的设计企业和设计方案，提高勘察设计质量，从源头上减少设计变更的发生。严肃设计变更监管制度，严格执行和落实设计变更申报程序，并严格审查公示；规范监理制度，强化监理责任，避免监理与中标人直接发生经济联系，保障监理依法独立履行职责，最大限度地减少和杜绝监理单位随意审批设计变更的现象。二是依法依规开展财政评审工作。财政部门一方面要坚持“踱方步，留余地”的原则进行招投标项目评审预算，确保财政评审的规范性和合理性。另一方面要坚持“预算不能超概算，决算不能超预算”的原则进行项目结算。对工程量发生变更的招投标项目，要根据中央、省财政部门和市政府的规定，结合我市实际，制定出台规范的工程变更部分的结算办法。

（永州市财政局党组成员、副局长）

发挥考核指挥棒作用
推动财政工作一盘棋

陈晓旺

财政省直管县改革作为深化行政管理体制改革、减少行政层级、提高行政效能的先手棋，自2010年推行以来取得了很好的成绩，达到了预期的目的。但是，由于上下级财政部门之间实行的是“资金项目省直管县”“业务工作下管一级”的管理模式，市级财政在管与不管之间摇摆不定，给工作造成了一些困惑甚至失序，亟待进一步厘清思路，找准切入点。四种困惑不容忽视：被动适应，市级财政缺乏“存在感”；跑项争资，县区财政存在“孤独感”；单打独斗，工作创新缺乏“厚重感”；互动不力，上下沟通存在“陌生感”。具体地讲：

困惑之一，被动适应，市级财政缺乏“存在感”。实行财政省直管县后，从资金分配看，市、县财政都是省财政对应的一级财政实体，市、县财政之间不再是上下级关系，而是平行关系，一定程度上讲甚至是竞争关系。从工作层级看，沿袭“下管一级”模式，市、县财政又是上下级关系，但是调控管理手段今非昔比。虽然财政省直管县改革已经实施七年，但到现在市级财政还没有调适，存在感严重不足，也懒得去主动刷存在感。最直观的表现是：年初财政工作会议省直接开到县，市里干脆不再组织召开综合性的会议；市直各部门大都对县区进行综合性考核，而财政部门不搞考核；县财政局很少到市局汇报反映情况，市财政局也很少主动到县局检查指导工作。

困惑之二，跑项争资，县区财政存在“孤独感”。省直管县改革前，市级财政部门积极组织县区加强国家宏观财税政策研究，带领县区向上反映特殊困难，争取到不少政策和资金支持，在历次财政体制改革中永州都没有吃亏。改革后，市级财政部门对县区集中调研和政策指导的频次少了，集中向上反映困难的声音弱了。县级财政直接向省汇报工作虽然增多，但反映的困难问题地域化、碎片化严重，一石难以激起千层浪，基本得不到上级采纳；面对上百个“竞争者”，加之远离省城的地域劣势，不少县区常常感到孤立无援，即使偶尔得到上级支持也只是“幸福的毛毛雨”。据了解，近几年虽然永州市财政收入增长较快，不少年份收入增幅名列全省前茅，但是人均财力在全省排名仍然非常靠后，很多专项转移支付甚至吃不到全省的“平均口粮”。

困惑之三，单打独斗，工作创新缺乏“厚重感”。财政是国家治理的基础和重要支柱，其地位作用更多体现在基础性、制度性、保障性功能上，正因如此，财税改革也大多从顶层设计开始，自上而下全面铺开，地方自由发挥的空间相对较小。但是，对建立现代财政制度的实践与探索，对财源培植、财税征管、财政管理的创新，对现代信息技术的应用等，空间巨大，大有可为。然而，每年全省财政工作会议后，市级财政部门基本没有组织县区研究赋有地域特色的工作思路和工作重点，各回各家，各找各妈，各自为阵，单打独斗。即使一些县区在某一领域进行了有益探索且取得了成功，市里也没有及时提供交流平台进行推广复制，点成不了线，线成不了面，工作创新没有厚重的基础，自然在全省难以形成大的气候和影响。

困惑之四，互动不力，上下沟通存在“陌生感”。财政部门作为政府的综合经济部门，工作横向到边，点多面广，工作压力本来就很大。从纵向看，县级财政与省里联系较多，市县之间因无资金往来，抱着多一事不如少一事的心态，主动联系相对较少，县区之间走动也少，以致于县局领导不认识市局分管领导，县局股长不认识市局科长，县区股长不认识县区股长是常有的事。由于财政业务工作实行“下管一级”，市级财政部门仍然起着承上启下的作用，但因市县互动不力，沟通不畅，给工作带来诸多不便，甚至因为部分县区工作滞后影响到全市的工作进度和整体利益。

造成上述“四种困惑”的原因是多方面的，既有客观因素的制约，又有主观上的被动适应和不作为。永州市委书记、市人大常委会主任李晖到任后，带领党政代表团到广东清远、肇庆和广西桂林、贺州等地考察学习后，决定在全市上下深入开展“解放思想 实干兴永”大讨论。今年3月刚到任的永州市财政局党组书记、局长艾艳君要求：解放思想大讨论要坚持问题导向，立足解决当前财政工作中存在的突出问题，重点抓好“四个一”，即每名干部职工撰写一篇有见地的调研文章或意见建议；组织开展一次调研文章评比；召开一个高质量的座谈会；编辑出版一本调研文章专集。

笔者认为，要解开上述“四种困惑”的套，应把建立市对县区财政工作综合考核机制作为切入点。理由有三：因为有成功的范例。过去财政系统有这个好传统，现在市直单位推动县区的工作也是这样运作的。因为有现实的需要。据调查了解，市、县财政部门对此反应非常强烈，迫切要求加强市对县区的业务指导培训与联络沟通协调。因为有良好的预期。考核机制运行得好，可以产生“发挥考核指挥棒作用、搭建上下互动平台、提升财政工作执行力、形成全市工作一盘棋、增进财政系统内部友谊”等五大功效。

在综合考核指标体系的设计上，应实行“五个装筐”：一是财政收入、税收占比指标要装筐；二是中央、省、市重大财政经济政策落实落地要装筐；三是省、市财政规定动作要装筐；四是鼓励改革创新等加分措施要装筐；五是机关党建、廉政建设、计划生育等相关约束性指标要装筐。

在综合考核机制的具体运作上，应坚持“三个结合”：一是现场考核与数据汇总考核相结合，尽量减少年终现场考核的项目和时长，切实提高工作效率；二是物质奖励与精神鼓励相结合，及时公布考核排名，对获奖单位给予必要的物质奖励和精神鼓励；三是总结表彰与经验交流相结合，每年召开一次总结表彰大会，推介交流各地改革创新的新鲜经验，统一研究部署下一阶段的工作。

（永州市县域经济与产业发展融资中心主任）

论我市财政投资评审结算超预算的原因及对策分析

刘世荣

随着我国社会主义市场经济建设的不断推进，各级财政投资评审机构对财政投资建设项目预、决（结）算评审力度不断加大，财政投资评审工作中出现的结算超预算问题也日益严重。纵观我市财政投资建设项目，百分之七十都存在结算超预算现象，严重影响了财政投资评审工作的开展，妥善解决该问题已是刻不容缓。本文结合我市财政投资评审工作实际，试对结算超预算问题产生的原因进行简要分析及探讨。

一、结算超预算之原因分析

（一）前期设计、勘探深度不够

设计阶段所产生的费用占工程整体造价的比例小，但对整个工程造价的影响却及其重大。前期设计、勘探深度不够，导致后期不断变更设计，导致工程建设的反复，造成不必要的资金浪费，目前我市结算超预算的项目多数是由于该原因导致，部分项目超额部分甚至达 1 倍以上。

（二）预算编制水平参差不齐，办结时限紧

我市本级财政投资项目编审委托中介机构库处在起步阶段，对编审委托中介机构的管理也处在不断完善阶段。各编审委托中介结构编审质量参差不齐，在工程量的计算上存在漏项、少量现象，人为增加了评审

中心复核的难度，延长了评审时间，有部分预算项目催得急，评审金额大，评审中心来不及仔细核对工程量，导致结算超预算。

（三）业主单位随意变更设计

预算评审根据设计方案来计算工程造价，在实际施工过程中，业主单位随意更改设计方案提高标准，导致结算超预算。如原本设计是 2 条道的，变为 4 条道的；原本使用一般材料的，改为指定的高端材料。

二、解决结算超预算的相关对策

（一）提高前期设计、勘探深度

提高我市前期设计、勘探深度，首先，可实行追责制度。对设计、勘探不到位的单位或个人追究相应的责任，倒逼设计水平的提升。其次，适当提高规划设计和勘探费用，引进高水平的设计单位和勘探单位。最后，评审中心要积极参与到前期设计阶段，对于设计的不合理之处，也要提出改进要求，合理保证项目初步设计概算相对精确。

（二）加强对市本级编审委托中介机构的管理

加强对市本级编审委托中介机构的管理重点是加强考核管理，严格执行误差率考核。通过对各编审中介机构实行误差率考核，实行末位淘汰制，将编审水平低的中介机构从委托编审中介机构库中除名，保留编审质量高的中介机构，确保编审质量。

（三）尊重工程建设实际，给予合理的评审期限

目前，我市部分工程项目投资金额大、建设工期紧、前期准备不充分，为了按时完成工程项目，在预算评审上压缩时间，3—5 天就要完成预算评审，未充分考虑到工程项目建设的实际。开展财政投资评审工作，需要根据国家法律法规、部门规章，比如住建部门制定的工程定额、计价规范，以及当地造价管理协会发布的材料价格信息等，综合运用专业技术手段，从工程经济、财政管理两个角度，进行项目审核与评价。这是一项技术难度高、程序繁琐且复杂的工作，应确保有足够的评审时间来保证预算质量。

（四）争取市政府的支持和相关业主单位的配合

财政投资评审要前移关口，提前介入到可行性研究阶段，一是要市政府的重视和支持，市委市政府投资的重要项目，要将财政纳入到项目的可行性研究阶段中；二是要相关业主单位，尤其是城投和经投的积极配合。在重大投资项目的效益评价、可行性论证中要充分发挥财政投资评审的作用。

（永州市财政局评审中心主任）

财政制度的完善与反腐倡廉工作的有机结合

郭齐民

为切实把反腐倡廉建设要求贯穿于财政工作之中，我市组织开展了“财政制度的完善与反腐倡廉工作的有机结合”专题调研，现将调研情况报告如下：

一、我市财政制度的完善与反腐倡廉工作有机结合的现状

（一）预算制度改革全面推进

实行全口径预算管理，编制了四本预算，统一四本预算财力配置。推进预算公开，193 个单位全部公开了部门预算和“三公”经费预算，同步公布了部门决算和“三公”经费决算情况。“三公”经费管理规范有效，相继出台修订了一系列规范性文件，建立“三公”经费季报制度，严格“三公”经费预算管理，“三公”经费等一般性支出继续下降。

（二）国库集中支付改革深化

全市 1627 个预算单位纳入集中支付范围，基本覆盖所有一级预算单位，财政直接支付比例不断提高；积极稳妥推进乡镇国库集中支付制度改革试点；公务卡结算范围逐步扩大，公务卡结算比例不断提高，增强支出透明度。

（三）绩效管理机制不断完善

预算绩效管理工作纳入市委市政府常态化工作管理，将预算绩效管

理工作与政府绩效评估有机结合、与财政局预算管理科室相融合、与各部门预算单位密切配合，初步构建了“编制有目标、执行有监控、完成有评价、结果有反馈、反馈有应用”的预算绩效管理机制。

（四）财政监督管理成为常态

理顺投资评审职能，评审范围扩大到市政基础设施、征地拆迁安置补偿、重点工程配套项目及财政专项支出等方面。进一步完善政府采购全动态监控体系和运行机制。市本级财政监督实现了“三年一检、一检三年”的常态化管理。

二、我市财政制度的完善与反腐倡廉工作有机结合存在的问题

（一）公共财政制度建设不成熟

1. 财政职能的偏差导致公共财政制度建设迟滞

由于各种复杂因素和深层次矛盾，财政职能的发挥受到政府行为的内在制约和影响，造成一定的职能偏差和失效，直接影响到公共财政体制的建设。

2. 财力的不足制约公共财政制度建设

虽然随着经济快速增长，我市财政收入持续稳步增长，但是受经济运行、结构性减税等因素影响，在支付各项改革成本、增加发展投入、加大民生支出、解决“三农”问题等方面，仍感到所需要的强大财力支撑与实际情况间存在距离。

3. 公共财政制度建设缺乏有效规范的公共选择机制和体制的支撑

财力分配和政策安排如何做出合理决策，必须依靠法治化的程序、规范的公共选择机制。当前我国尚未全面建立一套法制健全、权力制衡、程序严密、民众广泛参与的规范的公共选择机制，政策优化、绩效提升所需的有效体制、机制支撑不足。

（二）财政管理制度存漏洞

1. 制度缺失

（1）制度透明度不够。有些制度是写在纸上的条条框框，干部不了

解，群众不知情。

（2）制度操作性不强。有的对上级的制度满足于照抄照转，搞形式主义。有的制度大多数只规定了应该怎样做，不应该怎样做，而具体的操作流程，大多没有明确，缺乏操作性。

（3）制度缺乏前瞻性。“十八大”以来，财政制度改革如火如荼，业务工作更新较快，而一些制度的内容没有随着新形势的发展进行修订完善，新的重点领域制度建设滞后。

2. 机制软化

（1）监督机制弱。财政部门资金量大面广，财政监督人少势弱，仍为事后执行，造成不少环节的“弱监”“虚监”和空档，监督功能处于被动地位，缺乏效率效果。

（2）内控机制松。财政部门内控制度的不完善导致财政资金及财政干部两个不安全，财政风险不易控制，容易出现违纪违规甚至违法的行为。

（3）公开机制“阳光”不足。公开的预算数据基本是“大类”预算、笼统预算、原则性预算，专业性较强。

（三）制度执行力不强

（1）执行有偏差。不严格按制度办事，对一些制度的落实缺乏跟踪监督，缺乏责任追究，缺乏问效评价。

（2）制度执行、监督人员素质有待提高。主要是知识结构老化，技能单一匮乏，特别是监督人员，缺乏金融、财务、管理、工程、法律等各方面专业知识，面对各种新情况、新问题、新矛盾，不能履行好监督监察职能，赢得监督监察权威。

三、加强财政制度的完善与反腐倡廉工作有机结合的建议

（一）实现制度管权，推改革，强监管，促进依法理财

1. 加强统筹机制

实现预算管理范围全覆盖，强化全口径预算管理，进一步明确四本

预算的收支范围和功能定位，加大政府性基金预算、国有资本经营预算与一般公共预算的统筹力度，建立定位清晰、分工明确的政府预算体系。进一步做实非税收入预算，做实国有资本经营预算，完善社会保险基金预算编制制度。

2. 推进公开制度

一是积极建立涉密财政信息清单管理制度，除涉密信息外，全面公开财政“四本”预决算、部门预决算、“三公”经费预决算、专项资金分配和转移支付资金目录。二是推进预算公开的常态化、规范化、制度化。

3. 深化国库制度

完善预算执行动态监控机制，资金面逐步覆盖到全部财政资金。扩大乡镇国库集中支付制度改革面，加快推进国库集中收缴和国库集中支付电子化管理。清理取消国库集中支付单位实有资金账户，清理压减一级预算单位设置。加快推进公务卡制度改革，不断提高公务卡结算比例。

4. 提高预算绩效管理

绩效目标管理实现全覆盖，绩效评价结果全应用，实行绩效目标与部门预算申报、审核、批复三同步，健全绩效报告机制。

5. 推动购买服务和采购转型

一是大力推进政府购买服务。在公共服务领域引入竞争机制，通过合同、委托等方式向社会购买服务，提高购买服务改革与事业单位分类等其他相关改革的协同性，大力培育政府购买服务承接主体，落实政府各部门年度预算编制与购买服务相衔接的配套措施。二是推动政府采购转型。实现从程序导向向程序与结果导向并重转变，推行政府绿色采购。

6. 强化财政资金监管

一是盘活存量资金，深挖存量潜力。二是建立有进有退的专项资金管理办法，加大专项资金整合力度。三是理顺行政事业单位国有资产监管体制。探索建立资产共享共用机制，逐步建立集中处置制度。四是进一步加强政府投融资公司资产管理。五是加强乡镇财政管理。

7. 建立风险防控机制

一是加强债务管理。对政府性债务实行规模控制和预算管理，完善债务风险预警及化解机制。二是完善投资评审制度。扩大投资评审范围，对项目涉及造价事项进行多环节、全方位、全过程的评审，规范评审流程，改进评审方式。三是加强财政监督，全面构建预算编制同步监督、预算执行动态监控、资金使用跟踪问效和监督成果综合运用长效机制。

（二）确保制度管事，强内控，抓执行，提高行政效能。

着力加强全面系统、有效管用的财政内部控制制度建设，通过梳理业务流程，找出关键节点，厘清责任边界，识别和分析存在的业务风险和廉政风险，制定、完善并有效实施防控制度、流程、程序和方法，形成对财政工作风险进行事前防范、事中控制、事后监督和纠正的动态过程和机制。同时建立健全制度执行问责机制，把制度执行情况纳入年度目标责任制考核内容，提升财政干部高效坚决的执行能力，不断提高财政工作效能。

（三）落实制度管人，严作风，强内功，加强队伍建设。

进一步完善学习教育机制，加强政治理论和财政业务知识学习，不断提高干部队伍的理论水平和能力素质；努力构建落实党风廉政建设主体责任长效机制，增强财政干部职工的纪律意识、责任意识、主动接受监督意识、对腐败零容忍的政治意识和廉洁自律意识，确保财政资金和财政干部政治生命“两个安全”。

（永州市财政局调研员）

强化廉政风险防控
确保财政“两个安全”

刘文艳

为以案促教，以案警廉，加强财政廉政风险防控，今年5—6月，我们对全市2013年以来发生的财政干部违纪违规情况进行了专题调研。现将调研情况报告如下：

一、财政部门主要廉政风险点

据调查统计，2013年以来，全市财政系统共查处59人，立案60件。其中，财政所或二级机构违纪违法案件所占比重较大，共有40件；财政人员违纪违法行为80%都与履职密切相关。

（一）财政政策制定和执行方面

廉政风险点主要有三个方面：基层单位对政策理解不透彻，对政策落实不到位，执行力不强；现有财政政策、制度及资金使用管理办法等还不完善；随着改革的不断深入，有些制度机制出现漏洞，在重大事项决策、重要岗位轮换、重要项目安排和大额资金使用等方面约束力和监督力不足。如：某县财政所朱某某没有认真学习领会国家惠农补贴政策，误将新增玉米补贴数据当成玉米良种补贴录入，导致全镇惠农补贴资金没能按规定发放，给予行政警告处分。

（二）资金分配、使用、管理、监督方面

廉政风险点主要有：对项目资金申报审核、审批把关不严；财务控

制意识薄弱，财务角色被弱化，专项资金未真正实行“专款专用”，对专项资金使用不进行跟踪检查，存在虚报、冒领、贪污、挪用现象；资金安排方案不够科学合理，资金分配不公平；工作人员吃拿卡要报；资金分配、拨款、使用和管理缺乏有效监督，财政部门的重要岗位缺乏监督机制；财政监督检查达不到预期的效果等。如：市农开办主任吴某某，利用职务之便，为相关企业、单位、个人在项目申报、资金拨付、工程承包等方面谋取利益，索要 77 万元，收受 112 万元，被开除党籍，移送司法机关。

（三）履行工作职责方面

主要是工作人员责任意识不强，玩忽职守，失职渎职、懒政现象频发。如：某县财政所杨某没按规定程序进行某村低保评议审批工作，民主评议流于形式，没有入户调查，造成 8 户 15 人不符合条件的人员享受了低保，给予行政警告处分。

（四）机关内部财务管理方面

不严格执行内部财务管理制度和会计制度，财务混乱；“一把手”权力过于集中，在大额资金的使用上，未经集体讨论，导致资金使用不当；在会计核算管理方面，工作人员贪污、挪用公款、职务侵占。如：某县财政所所长王某某，对镇政府私设“小金库”526. 88 万元负有直接责任；利用职务之便，非法占有 4. 5 万元；挪用老党员生活补助款 3. 02 万元；贪污公款 4 万元。给予开除党籍处分。

（五）干部人事管理权力方面

廉政风险点主要有：干部政治思想道德教育和廉政教育弱化，政治纪律、组织纪律性不强；基层干部长期不进行轮岗交流；人事调动、招聘、任免、考核时，不按规定程序推荐考察、不按规定反映当事人情况、隐瞒真实情况公示、不按规定程序履行备案、审批手续，不接受各方监督；违反人事纪律，通风报信、暗示、泄漏有关干部任免情况等。某县投资评审中心负责人郑某某挪用公款、贪污、收受贿赂案中，据他自己陈述，自己在日常工作中只知道如何做好业务工作，对上级开展的思想教育和廉政教育置若罔闻，而且这样的情况也没有任何领导过问。

（六）财政干部职工个人生活方面

主要集中在涉赌涉毒、酒驾醉驾等方面，其中，赌博案件3起，吸毒案件5起，酒驾醉驾案件4起。

二、财政部门廉政风险的原因分析

（一）政治法律学习缺位

思想上的堕落，必然导致行为上的腐败。政治法律学习的缺位导致了理想信念的动摇和价值观的扭曲。作为直接支配和掌管钱物的单位、部门领导及财务人员，由于重业务学习和业务技能，轻政治法律学习和品德修养，放松了世界观、人生观和价值观的改造，公仆意识、宗旨意识和法制观念淡薄，自律意识不强，在金钱面前迷失了方向。

（二）反腐倡廉教育僵化

由于财政部门所担负的财政改革及源头治本的任务很重，干部职工普遍感到业务工作难、时间紧、压力大，对反腐倡廉教育思想认识不够高，对廉政风险防控意识不强，认为是一项“软指标”“虚任务”。反腐倡廉教育保障不够力度，教育方法僵化，内容不接地气，特别是触及灵魂的思想教育方面还不够深入，效果不尽人意。

（三）廉政防控制度缺失

制度建设存在“一重一轻”“三多三少”：重制度制定、轻制度执行，原则性规定多、针对性规定少，要求性规定多、惩戒性规定少，柔性规定多、刚性规定少。纪检日常监督制度滞后，谈话提醒等工作开展较少，红脸出汗还没有成为常态。

（四）权力运行监督弱化

一是权力过于集中。目前，财政资金尤其是财政专项资金分配的决策、执行、监督相分离的权力制衡机制尚未完善，财权、事权过分集中于某些部门和重要岗位，自由裁量权空间仍比较大。加之重要岗位长期不轮岗，工作人员既熟悉业务，也清楚制度管理中的漏洞，加大了腐败问题发生的风险。二是内控制度不健全。财政资金管理内部决策透明化、民主化不健全，事前事中事后的监督均没有跟进，财务内控制度缺乏日常检查和有效监督，导致财政管理权力失控。三是监督制度较弱。监督权受制于执行权，自上而下的监督代替了平行制约的监督和自下而上的监督，造成不少环节存在“弱监”“虚监”和监督“空档”，导致财政资金管理外部权力运行民主约束力不足。财政监督对资金下达和拨付信息掌握滞后，一般仍采取事后监督方式，局限性较大，时效性不强，监督体制还不够科学，制度缺乏刚性，财政监督检查的实效难以发挥。

（五）机构队伍建设滞后

一是乡镇财政所人员配置不合理。城郊和边远山区的乡镇人员相差较大，多则十几人，少则一两人，导致分工管理上存在一定的职责交叉，内部控制制度没有得到很好的落实，不可避免地出现了一些职责不明、越俎代庖、会计管账又管钱的现象。二是工作人员年龄老化，思想观念和业务知识难以更新。2016 年，全市 156 个乡镇财政所 1233 人中，36—45 岁之间的占总人数的 45%，45 岁以上的占总人数的 30%，年龄趋于老化，很多财政所已近十年没有进新人。现有工作人员中有相当一部分人没有从事财政工作，缺乏财政业务知识和对乡镇财政资金监管的指导、培训，很不适应新形势下财政工作的需要。三是基层财政工作人员的政治待遇和经济待遇相对低下。我市绝大部分县区财政所一直没有解决副科级机构，基层财政所的同志普遍感到政治上没盼头，经济上没奔头，工作积极性难以调动，年轻知识型的人才留不住，业务骨干大量外流。四是基层财政所的干部交流没有进行定期轮岗机制。有的基层财政所长任职已逾十年之久，从来没有交流过。长期在同一重要岗位上工作，自然而然地产生了盘根错节的“关系网”“人情网”，在工作中滋生巨大的优越感和特权思想，导致“常在河边走，最终湿了鞋”。

（六）责任追究力度不大

对发现的问题惩处不严，助长了腐败分子的侥幸心理。财政监督检查缺乏一套严格、规范的处理、处罚机制。个别单位在对违纪人员进行追责时，往往避重就轻，有的即使追究了责任也是失之于宽、失之于软，走过场、应付交差、“以调（调整）代责”“以补代责”的情形时有出现，影响了查处的综合效果。

三、防控财政廉政风险的对策建议

（一）加强宣传教育，进一步发挥廉政教育的先导作用

反腐倡廉，教育为先。深入开展理想信念、宗旨意识、道德情操、法纪观念教育，加强警示教育、示范教育和廉洁文化建设，在财政系统营造“崇廉尚洁、拒贪反腐”浓厚氛围，把廉政宣传教育贯穿于干部培养、选拔、管理、使用全过程，做到在形象上自尊，在思想上自省，在纪律上自警，在工作上自励。

（二）注重制度建设，进一步发挥制度建设的基础作用

要以建立健全惩治和预防腐败体系各项制度为重点，以制约和监督权力运行为核心，以提高制度执行力为抓手，以推动反腐倡廉建设科学化为目标，紧扣容易滋生腐败问题的重点领域和关键环节，加大制度建设和创新力度，着力构建内容科学、程序严密、配套完备、有效管用的防控制度体系。一要整体规划，增强制度的系统性。把制度建设贯穿于决策、执行、监督等各个环节，既重视基本制度建设、又重视具体实施细则完善；既重视实体性制度建设、又重视程序性制度配套，形成制度链和封闭圈。二要突出重点，增强制度的针对性。针对腐败易发多发的重点领域、关键部位和薄弱环节，加强人权、财权、事权等方面的制度建设，以制度管人、管财、管事。三要改革创新，增强制度的时效性。坚持改革创新，以实践检验制度，以警示完善制度，以科技融入制度，主动适应新形势新任务新要求，在继承中发展、在完善中升华、在创新

中提高。四要强化落实，加强制度的执行力。加大对制度执行情况的监督检查，建立健全制度执行问责机制。

（三）强化监督检查，进一步发挥对财政资金运行的制约作用

加强对资金运行的制约和监督是有效预防违规违纪的关键环节。一要加强对干部的监督。认真贯彻执行党内监督条例，督促党员干部特别是领导干部增强“四个意识”，牢记“五个必须”，防止“七个有之”，加强对财政系统党员干部遵守政治纪律和政治规矩、执行“六大纪律”情况的监督检查，加强对党内政治生活、领导干部个人重大事项报告、廉洁自律、行政审批、干部作风等相关制度落实情况的监督检查，确保各项政令畅通。二要加强对重点领域和关键环节权力行使的监督。积极探索加强权力监督的有效途径和方式方法，建立健全决策权、执行权、监督权等既相互制约又相互协调的权力结构和运行机制。加快推动绩效评价、资产管理、投资评审、财政监督、政府采购、国库支付与预算管理事前、事中、事后管理的有机结合“六位一体”的财政运行管理机制，加强财政系统内部控制制度建设，形成严密的财政监督网络，对权力运行做到可视、可查、可控。三是加强社会监督。不断深化“三公”经费和预决算公开；建立“项目公示制”和“补贴公示制”；建立“互联网＋监督”平台，把所有惠民利民项目、资金在网上公开。形成决策公开、管理公开、服务公开、结果公开的完整链条，接受全社会监督。四是加强监管问责。严把项目申报关，严格专项资金报账制，对缺少跟踪问效资料的项目拒绝其入账并追究项目责任人及监管单位责任。建立财政资金监管工作日常考核机制和激励约束机制，强化责任追究。

（四）推进财政改革，进一步发挥财政管理的职能作用

继续深化预算管理，健全全口径预算，强化预算执行约束，推动建立编制科学、执行严格、监督有力、绩效考评各环节有机衔接的预算管理机制。深化国库集中支付改革，扩大公务卡结算，严格规范乡镇财政收入，完善乡镇治理结构。规范专项资金管理，加强绩效评价和资金整合，完善管理制度，建立财政专项资金设立和退出评估机制，强化事前、事中、事后监管。创新财政监督方式，前移财政投资评审关口，提高预算绩效评价针对性，加大政府采购制度改革力度，确保财政资金发挥最大效益。通过财政管理制度改革，促进财政管理的公开、透明、规范、高效。

（五）深化作风建设，进一步发挥纠风工作的整治作用

作风建设是一个长期的、动态的过程，不仅要长抓不懈，而且要常抓常新。要建立健全作风建设长效机制，深入开展“两学一做”学习教育活动，正风肃纪，巩固拓展纠“四风”成果，把纠正“四风”往深里抓、实里做，坚决防止反弹回潮，推动纠正“四风”工作向纵深发展，进一步提升财政部门的公信力、执行力、亲和力。

（六）加强队伍建设，进一步发挥干部管理的长效作用

完善干部选拔任用机制，加大关键岗位人员交流轮换力度，强化人员管理，是治理财政干部违纪问题不可或缺的重要手段。一是强化基层财政机构和队伍建设。按照财政所机构设置、人员配备的要求，配齐配强财政所干部队伍，在政治上、经济上多关心，确保基层财政干部队伍稳定。二是实行岗位轮换制。对重点岗位实行轮岗、换岗制度，形成财政干部常态化管理的长效机制。

（七）加大惩治力度，进一步发挥案件查办的惩戒作用

坚持有案必查，通过严查违规案件，教育干部、净化风气、促进发展。一要突出查办案件工作重点。严肃查处违反党纪政纪的案件，严肃查处各项惠民资金使用等领域的违纪违法案件，严肃查处滥用职权、贪污贿赂、腐化堕落、失职渎职案件，严肃查处重点领域和关键环节的违纪违法案件。二要夯实案件查办的基础。要完善信访举报和网络举报机制，健全有关办案工作制度、程序，完善办案机制，强化组织协调，形成查办案件的整体合力。三要注重查办案件的综合效果。在严肃查办案件的同时，加强对案件的分析总结，把查办案件与加强教育、强化监督、完善制度结合起来，“以查促教、以查促建、以查促管、以查促改”，从源头上治理违规行为，充分发挥查办案件的治本功能。

（永州市财政局社保科科长）

非税收入管理情况调研

祁阳县财政局

今年来，面对国家简政放权和减费降税的不利形势，县非税局在县委、县政府的正确领导下，在县财政局党组的全面引领下，牢固树立“以票管钱”宗旨，强化征管职能，拓宽征管范围，紧抓征管稽查，按规定完成了各项收入任务。现将相关情况汇报如下：

一、非税收入执收情况

（一）纳入公共预算管理非税收入执行情况

2017 年 1—9 月，我县完成纳入公共预算管理非税收入 2.97 亿元，与去年同期相比，减少 4300 万元，下降 12.65%。

分收入类别完成情况：专项收入 2811 万元，同比增加 229 万元，增长 8.87%。行政事业性收费收入 4021 万元，同比减少 391 万元，下降 8.86%。罚没收入 4785 万元，同比减少 3236 万元，下降 40.34%。国有资源（资产）有偿使用收入 15015 万元，同比增加 539 万元，增长 3.72%。捐赠收入 41 万元，同比减少 34 万元，下降 45.33%。政府住房基金收入 269 万元，同比增加 55 万元，增长 25.7%。其他收入 2758 万元，同比减少 1462 万元，下降 34.62%。

（二）纳入政府性基金的非税收入执收情况

2017 年 1—9 月，我县纳入政府性基金管理的非税收入完成 1.6634

亿元，其中，国有土地出让收入完成 1.6447 亿元，较去年同期的 1.0819 亿元增加 5628 万元，增长 52%。

（三）纳入国有资本经营预算收入的非税收入执收情况

2017 年 1—9 月纳入国有资本经营预算收入的非税收入完成 175 万元，为财富公司的股权分红收入，在 10 月 9 日缴入金库。

二、存在的主要问题

（一）政策减收因素较多

党的“十八大”以来，党中央和国务院进一步推行简政放权和降税减费政策，降低企业税费负担，清理各种收费。2016 年，中央、省相继发布了四批《关于降低涉企行政事业性收费标准的通知》。其中，第一批（湘发改价费〔2016〕189 号）涉及 12 个行政事业收费项目，第二批（湘发改价费〔2016〕211 号）涉及 16 个行政事业收费项目，第三批（湘发改价费〔2016〕405 号）涉及 4 个，第四批（湘发改价费〔2016〕716 号）涉及 11 个行政事业性收费项目。以上四批行政事业收费涉及 43 项，据测算，共造成我县行政事业性收费减收 700 万左右，政府性基金中的城市基础设置建设费减收 600 万元左右。2017 年，财政部和发改委联合下发了《关于清理规范一批行政事业性收费有关政策的通知》（〔财税 2017〕20 号），通知要求，自 2017 年 4 月 1 日起，取消和停征 29 项行政事业收费。根据 2016 年降标后收入实现数测算，公安部门的机动车抵押登记费减收 9.9 万；住建部门的白蚁防治费减收 255 万元、房屋转让手续费减收 214 万元；国土部门的利用测绘成果、成图资料费减收 5.6 万元；质量技术监督部门的计量类收费减收 140.7 万元；民政部门的婚姻登记费减收 7.5 万；环境保防部门的环境监测服务费减收 134 万元，合计减收 766.7 万元。其中，影响最大的部门集中在房产局，除抵押登记费外再无任何收入项目。

同时，从以前年度行政事业性收入构成看，社会抚养费占行政收费的50%。但自国家放开二孩后，该项收入减收严重，呈逐年下降的趋势。以最近两年为例，2016年，我县共完成社会抚养费1278万元。2017年，我县社会抚养费仅完成661万元，较2016年减收617万元，下降48%，且以后年度还会持续减少。加之国家全面清理规范政府性基金，取消城市公用事业附加、墙体材料、散装水泥等基金（其中，城市基础配套费降标10%）。以2016年为计算基数看，上述几项基金又将导致我县非税收入减收960万元以上。（2016年，我县公用事业附加完成314万元；墙体材料基金完成463万元；散装水泥基金完成34万元；城市基础配套费2016年收入为1500万元，按10%计算为150万元。）

（二）制约增收因素增多

由于非税收入政策变化较大，我局不断加强与省里的对接，以便及时了解相关政策，从今年省非税收入征收管理局了解的政策走向看，省里预计会在未来3年的时间内，中央、省陆续取消证照类和社会管理事务类的行政收费，且相关社会管理事务成本改由本级财政负担。同时，资源类非税收入将逐步被税收的形式的所替代。例如：矿产资源补偿费、排污费，采矿权价款，探矿权价款等资源类收入，已进入立法程序，将被资源税、环境税所取代。这些被取消的行政收费项目，在其设立之初，大多能解决部门的人事成本，在取消后，上级财政并没有转移支付安排，因此，各类社会管理事务成本将全部由本级财政负担，基层财政支出压力将会呈现双倍递增的现象。例如：我县的房产、国土、计划生育等部门现在就已经面临人员支出的压力，而疾控、卫生防治、卫生监督、工商、质监、劳动、人事、档案、财政等部门又将因收费项目而取消，需由财政负担社会事务的管理成本。

（三）司法上划影响较大

随着国家司法体制改革的推进，检察、法院两部门将上划，导致检察、法院的非税收入也将上划到省级财政。而我县司法系统的非税收入主要集中在检察的罚没收入和法院的诉讼费和罚没收入。以2016年为例，县检察院完成罚没收入 378 万；县法院完成罚没收入 439 万元，诉讼费 807 万元。这样一来，将直接减少县级非税收入 1600 万元左右。

（四）征管部门主动不够

2013 年 10 月 28 日，我县组织了湘江河道砂卵石开采权、经营权拍卖会，出让祁阳县湘江干流蒋家院等六个河段，河段总长 74.6 公里，其中可采区长 23.71 公里，禁采区长 20.79 公里，保留区长 30.1 公里，砂卵石保有资源总储量约 2869.2 万吨。经过多轮竞拍，最终以总金额 1.45 亿元的 5 年经营权拍卖成交。拍卖收入分三年按比例征收，到 2016 年底止，各标段应缴未缴出让收入达 4210 万元。2017 年上半年，虽因领导重视，部门联动，已收缴入库 630 万元，但第一阶段的经营出让权还有近 3580 万元未落实到位。现 2017 年第一阶段出让的经营期限将到期，新的拍卖工作即将启动，但还有很多的工作未开展和落实，主管部门积极性有待提高。

三、下阶段工作打算

下一阶段，县非税局将紧紧围绕年度目标收入任务，敢抓敢管，敢做敢当，敢改敢争，全面做好非税收入征管各项工作。

（一）在国资使用上拓源

积极开展对国有资产（资源）有偿使用收入的征收，加大对国有资产出租收入的管理，建议由县国资部门牵头，利用政府资产登记管理平台，对全县所有行政事业单位近两年来的资产出租收入进行一次地毯式清查，将资金出租收入全部收缴入库。同时，加大对行政事业单位闲置资产的清查力度，处置闲置资产，减少资源浪费。进一步加大重点项目的清缴力度，做好已出让河道采沙权的资金收缴工作，重点针对河道砂卵石开采，督促水利部门加强各标段应缴未缴出让收入 3580 万元的催收力度。

（二）在房产整治上碰硬

房地产领导的收入征缴一直是我县收入征管的难点，近几年来，我县虽相继成立了由组织部、财政、纪委等不同部门牵头的清查小组对“两违”领域税费进行了清缴，但取得的成效不明显。从往年工作发现的问题看，其主要原因是房地产领域的法律、制度、政策多，政策性极强。这导致了很多的业务办理及操作不可能汇集于临时机构进行办理和操作，临时机构极易操作不当，出现政策偏差。为此，建议由县政府下达税费清缴年度任务，由各部门签订责任书、立下军令状，由各部门严格按要求将任务落实到其职能股室，并实行严格的奖惩考核。

（三）在耕地开垦上较劲

2015 年 10 月，省国土厅、省财政厅印发了《湖南省补充耕地指标易地转让管理办法》，该文件规定，每年受让补充耕地指标总量不得超过省国土资源厅当年下达的耕地占用计划的总量；转让方为省、市（州）、县（市、区）三级人民政府，受让方为市（州）、县（市、区）二级人民政府；交易方式采取网上公开挂牌方式；交易程序严格按照《湖南省补充耕地指标异地转让网上挂牌交易规则（试行）》实施。指标转让款汇缴到转让方所在地财政非税收入汇缴结算户。2017 年初，永州市国土局旱土指标拍卖标准已达 28 万元/亩。为此，我县可充分利用这一政策，创新收入渠道，出让国土耕地开垦“占补平衡”指标，争取年内完成旱土交易指标 1000 亩，出让耕地开垦指标 1000 亩，实现以收入变现来促进耕地开垦项目建设。

（四）在土地变性上出新

今年初，县政府禁止了划拨转出让的土地性质变更。但因历史原因，我县近几年的安置用地存在大量的土地性质变更要求。为加大土地要素市场交易，增加财政收入，建议县政府在更新发布我县基准土地价格的基础上，严格按中央、省政府政策要求，从高比例征收划拨转出让过程中补交的土地出让金，这一新政策如果出台，预计将会增加几千万的土地出让收入。

（五）在司法办案上挖潜

近几年来，各类经济腐败案件大都由省、市统一调度，实现人员异地办理、审判。如：2016 年祁东办理长沙等外地司法案件，实现了 2500 万元的收入；2015 年我县的某涉黑案件向办理县划转了几百万的暂扣罚没收入等。因此，加强司法案件办理权、审判权的争取力度，实现收入的跨越式增长大有潜力可挖。建议县政府出台相关政策，激励司法机关向上主动争取案件办理权，审判权，形成我县非税收入增长的一个可靠的增长点。

（祁阳县财政局）

城镇化进程中农村征地补偿制度研究
——以永州市为例

李清泉

在土地补偿制度上，西方国家因为工业化、城市化起步得早，比发展中国家更为成熟，法律法规也比较健全完善。我国自新中国成立起就有了土地征收补偿制度。改革开放后尤其是这几年，我国多次修改土地征收补偿制度，但因正处于社会转型时期，对制度设定仍然存在一些缺陷和不足，还需要完善。本文以永州市为例，通过一些调查和研究可以看出，我国征地补偿问题主要体现在补偿标准过低、利益分配不均、公共利益划分不清等方面，需要在制度的设定上均衡各个利益主体间利益的再分配，用博弈的思路对征地补偿方法进行理智分析。

一、我国现行征地补偿制度存在的缺陷

（一）征地补偿标准过低，补偿方式单一

从表1我们可以看出在我国主要是使用货币补偿这种单一的形式，一次性给农民定值的货币。土地是农民的生产资料和生活资料，更是生存的根本保障。当前单一的补偿方式和过低的补偿标准，很难维持失地农民生活、生产的可持续发展。征地补偿不足不仅严重损害了农民利益，同时也影响了我国经济发展与社会稳定。

表1 湖南省征地补偿标准（2012年修订） 单位：元/亩

市州	补偿标准			
	县市区	1区	2区	3区
永州市	冷水滩区	52200	47500	43000
	零陵区	50000	42000	38000
	祁阳县	43100	35000	33000
	东安县	41100	36000	31000
	双牌县	40000	34000	31000
	道 县	40000	36000	32000
	宁远县	40000	36000	32000
	新田县	40000	3500	31000
	江永县	40000	34000	31000
	江华县	40000	34000	31000
	蓝山县	40000	34000	31000

数据来源：湖南省人民政府文件〔2012〕46号

（二）土地增值收益被抹杀

在当前的征地制度下，由国家规定政府征地，政府向农民征收土地，并付出一定定值的金钱，相比来说这笔小数目下除了很低之外，还忽略了土地的增值收益。当前的征地补偿方法下，农民得到的价格是在以原用途的基础下计算得到的，而分配不到巨大的土地增值收益。这就是问题出现的重要原因。

（三）征地程序欠缺科学与透明

《农村土地承包法》第2条16条：“被征用后，有权依法得到相应的适当赔偿”。本条款的概念和原则是明确的，但“征用”应按照法律规定，“适当补偿”也是模糊概念。“征用”和“适当补偿”这两个范围和标准非常地不详细，导致在征用过程中，出现钻空子行为。征用后的最终目的不属于“公共利益”的范围。在“适当补偿”上，出现不公平的情况，使农民丧失收入。“土地管理法”规定：征地补偿和安置纠纷不影响土地征收的实施方案。也就是说，就算征地补偿标准不合理，土地征收程序不合法，被征地农民的生活没有出路，从而导致社会矛盾激化和不稳定，也不会妨碍政府征地。

（四）诉讼程序未能给予充分救济

《土地管理法》和《土地管理法实施条例》中没有明确规定征地方面的诉讼范围。《土地管理法》只是政府发布公告，听取被征地的集体和农民的意见，没有具体细化。《土地的管理法实施条例》只规定了争议、协调，到最后的裁决过程。但协调和裁决都是由政府决定。这种裁定不等于最终裁定，而实际上大家都把它当作最终裁决，缺乏真正的司法救济渠道。

二、我国现行征地补偿制度缺陷产生的原因

（一）农民土地财产所有权没有得到承认

根据现行的《土地法》，农民没有土地所有权，集体所有权属于农民集体。农民在土地上只有承包权和使用权，不承认农民的土地产权。但在实际中，农民拥有的土地承包权是一种集使用权、收益权和处置权的综合体，这就是一种特殊实质的财产权。在理论上学者们倾向将财产权定义控制权，谁有控制权谁就拥有实质的财产权。而在实际上，农民土地承包的财产所有权并没有得到承认，所以在征收的过程中，不能保障自己的土地使用权和收益权。

（二）土地补偿分配机制不合理

按照规定，土地补偿费归农村集体所有，安置费归安置单位所有，只有农民在自谋职业的条件下才分给农民。在土地征收补偿中，争议最多的就是土地补偿费和安置费，原因在于主体权利的模糊、不合理的土地补偿分配机制和不健全的集体土地产权制度。现有的法律并没有明确规定征地补偿主体的利益主体，使得征地补偿分配方法成千上万各有不同，存在很多问题。土地补偿一般由乡、村、村民组分配。据调查，在一些地方征地补偿中，地方各级政府约占一半，村占百分之三十，农民

只有百分之二十，或更少。

（三）没有严格定义“公共利益”

政府拥有法律赋予的征地权利，却没有界定清晰的“公共利益”范围。法律规定：国家为了公共利益的需要，可以依法对土地实行征收征用。我国法律同样规定：任何单位个人只能使用国有土地。也就是说集体土地要想用于城市建设用地，必须成为国有土地。而集体土地变成国有土地只能经过征地这一过程，这时我们的土地流动方向受到了限制。一方面，如果政府征用土地的目的不属于或者超过“公共利益”的范畴，滥用权力征用土地，实际上属于权利越界。另一方面，因为法律上对“公共利益”定义是非常模糊的，那么政府滥用权力强行征用土地的行为是有可能发生的，随之带来的是农民利益受损。

（四）二元土地市场欠缺公平

二元土地所有制下，集体土地和国有土地所有权权利不对等。一方面，我国现在存在两种土地所有权，《土地管理法》规定：城市市区的土地属于国家所有；农村和城郊的土地，除法律规定属于国家所有的以外属于农民集体所有；宅基地和自留山属于农民集体所有。这两种土地所有权虽然都属于所有权一类，但在享有的权利上是不平等的，集体土地被限制了用途和流转方向。城市建设被规定只能用国家土地。但是集体土地受到限制不能直接用于城市建设。农用地必须通过征地这一唯一的途径才能转换为非农用地，因为这一过程，形成了政府征地垄断。另一方面，这两种所有权在经济实现上也非常不平等，征地是出让土地所有权，价格应该是土地所有权的买卖价格；但是实际上，征地价格表现在土地使用权一定年期出让价格，现实中征地补偿远远低于被征用为国有土地后的出让价格。

这样的征地补偿制度缺乏公平。国家赋予政府强制性征地的权利，给予的补偿费也有严重的政府定价色彩，农民提供土地，政府的支付赔偿，农民没有商量的余地，对于农民是非常不公平的。在现实买卖市场中，交易价格应该是买卖双方平等商议的最终结果。而在土地征收制度中，是由政府单方面定价，农民没有定价的权利。

三、完善我国征地补偿制度的政策建议

（一）健全所有权清晰的土地产权制度

依法确保土地承包经营权的权利，保障农民土地承包经营权。目前，我国土地公有制的制度变迁，将产权具体到人，这样是不现实的。基于这一前提，农村土地实施制度改革，加强农民对土地使用权、收益权和权益配置，对土地集体所有权超重状态弱化。我国土地的法律体系一直过分地注重土地所有权本身，我们应该把更多的注意力放在与土地的实际利益上，这才是真正的符合实际。土地产权制度改革的关键是将集体土地所有权的权利主体明确，权益分配具体，将集体土地具体权益落实到农民手里。让农民可以享受财产权。

充分地明确农民和集体土地征收补偿比例，避免村集体使用的漏洞，利用法律上的不明确侵害农民利益。政府应注重建立和完善农民土地管理法律法规的保护，应保障农民土地权益的制度，并进行相应的行政工作。

（二）明确“公平补偿”原则和“公共利益”范围

借鉴发达国家的经验，明确“公平补偿”原则。首先，完善宪法对公民财产权的保护制度，从宪法上建立征地补偿的依据。对于“公共利益”的界定，我们可以借鉴国际经验，用具体方法列举符合要求的公益性行业。比如：军事用地、政府机构、公益事业单位用地、能源交通、公共设备和福利事业用地等。

（三）制订公平的专门《土地征用法》

目前征地过程中出现的问题都是因为没有制定专门的科学的《土地征用法》，因为没有法律的约束才会发生混乱。所以，制定《土地征用法》要以法律明确的“公平补偿”为原则，并且还应该制定土地征用的

具体操作实施方法，避免其他问题的发生。体现法律面前人人平等的原则，应建立健全土地征收的法律援助和纠纷解决机制。建立合理公平的纠纷仲裁制度，以保障征地涉及当事人的权利义务，保障他们的知情权、参与权、申诉权。在土地征收之争中，对不符合公共利益目的的，不符合土地使用规定的，补偿不合理的，不妥善安置，禁止土地征收。从法律上杜绝征地审批部门既是“裁判员”也是“运动员”。通过上述方式，让农民在权益受到法律保护，才能解决好土地纠纷，减少社会矛盾，降低行政成本。

（四）规范并健全开放型征地程序

目前，土地征用程序是没有设置让被征地农民参与谈判的。土地征用的认定、赔偿标准的确定、劳动力的安置都让政府负责。农民没有一丝的参与权，处于完全被动的局面，而不是平等的地位。基于这一点，我们经常可以看到政府利用国家机器公开强行征地的情况，产生了非常不好的影响，引起了社会矛盾，削弱了政府的公信力。因此，要建立和完善土地征收程序，建立失地农民的补偿安置标准和安置方式等。此外，土地征收补偿方案也应向全社会提出，并召开听证会，让被征地农民和社会都能影响土地征收计划，征地有关的当事人有正当理由，可以反对实行土地征收，接受社会监督。也应该从法律上明确，不经协商、听证、公告，不得征地。土地征收程序的公开原则，可以限制政府征收行为，可以使土地征收结束暴力，失地农民的权益受到保护。

（五）建立科学的征地补偿分配制度

目前，农民反映的问题大部分是土地补偿费和安置费。因为其他补偿是直接向个人，而土地补偿费是先分配给集体，然后集体分配到被征地农民手中。如果没有完善合理的土地征收补偿机制分配机制，必然会导致不公平的分配。因此，应建立公平、合理的分配机制。只有这样才能保证失地农民的合法权益。我们要让农民代表大会拥有主导分配权。明确征地补偿必须由村民大会通过决议，细化村民大会程序，采取切实可行的措施，确保农民对村民代表大会的呼声和积极性。避免村民代表大会制度只是形式，避免农民因为知识限制被欺骗。

建立一个新的征地补偿原则，从以前的适当补偿到公平补偿。建立科学的土地征用评估制度、赔偿范围和标准。根据土地资产的性质、区位条件、地方经济发展、周边土地市场价格等因素对征地补偿安置进行评估，给予合理的征地补偿，从而使帕累托的社会福利最大化。基于公平原则，除了直接征收土地的补偿外，还应该对相邻土地的损害给予适当补偿。

（六）建立健全被征地农民养老和就业保障

一是让失地农民可以享受不同档次和标准的保障项目，既拥有征地补偿收入也拥有国家低保收入，实现双向保障共同管理。二是土地补偿费用要与社保养老金统一管理，在制定方法和方案中又要区别开来。三是不同情况不同处理，采取不同的方法。对于失地农民已经超过或接近国家规定劳动年龄段，直接一次性给予缴纳并纳入养老保障系统；未达到规定劳动年龄段属于中年人员，可以设置有层次的缴纳制度，不同年龄段不同养老保险费，并且纳入城市统筹。同时对年轻人员，不用一次性缴纳费用。近几年征地的新人员统一参保，很久以前的失地农民采取自主选择是否参保。政府、集体、个人按不同的比例各自缴纳养老保险，这样才能实现社会最大的福利，既能让我们的失地农民有所保障，也有助于社会的发展。

总之，农村土地征收补偿制度改革是一项复杂而庞大的工程。它涉及社会基本制度、法制建设、中央和地方财政体制改革、农民和企业的意愿，经济发展的各个方面，其难度可想而知。我国农村土地征收补偿制度的改革，特别是对农村土地制度的改革须更加谨慎。同时，应相应推进中央和地方政府财政的改革，以解决地方政府“土地财政”问题。

（湖南科技学院经济与管理学院院长/教授、永州经济社会发展研究所所长）

财源与杠杆

CAIYUANYUGANGGAN

加强我市财源建设的思考

彭 剑 罗文峰

财政是国家治理的基础和重要支柱，财源则是财政之基、发展之源。但长期以来，我市工业经济不发达、财源结构不优，没有建立起可持续发展的财源体系，财政收入增长乏力，收支矛盾一直较为突出。如何搞好财源建设，特别是工业财源建设，壮大地方财政实力，实现财政与经济的良性互动，既是当前财政工作面临的现实问题，也是今后财政工作的重点问题。为此，笔者立足于工作实际，围绕在经济发展新常态下，如何搞好我市财源建设，增加地方财政收入的问题开展了思考和调研，现将情况汇报如下：

一、我市财政收入现状及存在的问题

2016 年我市财政总收入完成 150 亿元，比上年增长 14.3%，增速全省领先，收入总量排名全省市州第 8 位；地方收入完成 102.6 亿元，增长 10.9%；税收收入完成 108 亿元，比上年增长 15.7%，占财政总收入的 72.3%，比前三年分别提高 2.4 个、1.8 个和 0.9 个百分点，全市地方收入增量中税收占比为 59.4%，超过全省市州平均水平 47 个百分点，排名首位。财政收入整体呈现优化态势。全市增值税、消费税和营业税三大主体税种合计完成 50.8 亿元，占全市财政总收入的 34%，主体税种贡献突出。全市财政增速领跑全省，总量加快赶超，收入质量逐步优化。

虽然我市财政收入稳步增长，实现了量质同升，但深入分析，还存在一些不足，主要有以下几个方面：

（一）收入增长后劲乏力

2016 年四个季度全市收入分别入库 33.4 亿元、49.8 亿元、23.5 亿元和 43.2 亿元，比上年同期分别增长 24.6%、25.7%、-0.8% 和 5.4%。特别是 12 月份，全市当月入库收入 20.1 亿元，比上年同期减收 2.3 亿元，下降 10.1%。从骨干企业看，受控烟措施日趋严厉影响，卷烟生产与销售呈下滑趋势，入库税收增幅回落。2016 年市烟草公司入库税收 7.2 亿元，增长 8.3%，增幅较上年回落 30 个百分点；零陵烟厂入库地方收入 1.9 亿元，下降 6%。

（二）地方收入增幅不高

2016 年，我市地方收入增长 10.9%，低于上划中央及省级收入 11.6 个百分点。比前三年分别低 6.8 个、4.3 个和 3.8 个百分点，呈现逐年下滑态势。

（三）工业税收贡献率较低

2016 年，我市税收收入完成 108 亿元，虽然比上年增长 15.7%，占财政总收入比重为 72.3%，但工业行业实缴税收只有 17.8 亿元，占整个税收收入的 16.5%，占财政总收入比重仅为 11.9%；而工业行业实缴税收中长丰猎豹、零陵卷烟厂就占 7.1 亿元，占比达 40%。

（四）中心城区收入结构不优

2016 年中心城区财政收入 66.2 亿元，其中税收收入 45.6 亿元，占比 69%，低于县平均水平 5.9 个百分点，工业行业税收收入仅为 9.68 亿元，占税收收入、财政收入的比例分别为 21%、14.6%；市本级税收收入 22.8 亿元，占财政收入比 64.5%，低于县平均水平 10.4 个百分点。全市上缴税收 1000 万元以上的企业（单位）有 125 户，中心城区 59 户，但其中工业企业只有 12 户。

二、我市工业经济发展现状及存在的问题

2016 年全市完成地方生产总值 1565.81 亿元，增长 8%，位居全省

第6；完成规模以上工业增加值323.77亿元，增长6.6%；规模工业总产值达1282.27亿元，增长13.2%；全市工业固定资产投入完成730亿元，增长9%；工业技改投入完成316亿元，增长2%。规模工业企业865家，产值过亿元企业400家。

虽然全市工业经济发展水平有了显著提高，但我市工业经济发展依然存在短板，主要体现在以下几个方面。

（一）产业结构失衡，形成的产业链不长

2016年我市产业结构比为20.9∶34.8∶44.3，第二产业占比仅为34.8，在全省排倒数第2位。呈现“农业大、工业小、三产弱”的行业结构状况，高新技术产业、高附加值产业比重低，而传统产业比重高，产业链短失。2016年，我市纳税百万以上企业共有908户，纳税额为90.7亿元，其中房地产业和建筑业18.7亿元、占20.6%，政府性投资17.9亿元、占19.7%，烟草商业11.9亿元、占13.2%，这三大行业税收占比达53.68%。特别是今年以来矿产品加工产业全线下滑，同比下降28.1%，带来产值缺口23亿元，拉低规模工业增加值1.8个百分点；农产品加工产业占工业总产值25.8%，同比下降0.1%（2015年同期增长6.3%）；建材水泥行业同比下降0.89%（2015年同期增长28.6%）。由于上述三大产业占比高，下滑幅度较大，很大程度上影响了全市规模工业增速。由于房地产业受国家政策调控影响较大，加之我市可开发建设土地的日益减少，房地产业税收已不能持续大幅度增长，这就给我市财政收入的持续增长带来了隐患；投资拉动财政税收收入增长虽然短期拉动作用明显，但如果没有消费的引导和配合，没有消费需求与投资需求的良性循环，也不可能支撑经济和财政税收收入的持续增长。纳税百万以上企业中工业企业有147户、纳税额为17.8亿元、占比19.6%，但是传统产业占比大，新兴产业带动作用不明显；规模企业基本上处于自身发展阶段，无法对外扩散配套的产品和技术，产业配套需求低，未形成有效、持续发展的产业链，制约了产业集群发展和企业抗风险能力。

（二）骨干企业增长乏力，辐射带动力不强

永州市大部分为中小企业，虽然提出了“培育5户年销售收入上50亿元的产业化企业，10户以上上10亿元的骨干企业”的目标，但是近三年来，年销售收入上50亿元的仅有零陵卷烟厂1户，上10亿元的企业仅有6家。2016年，三大标志性企业中，湘江纸业公司关停，零陵烟厂受生产计划调整、控烟措施等去库存影响，产值34.2亿元，同比下降48.9%。长丰猎豹虽迅速增长，仅带来增加值10.5亿元，拉动规模以上工业增加值增长2.7个百分点，相比烟厂的下滑，支撑明显乏力。就目前形势来看，中心城区没有形成大企业顶天立地、中小企业铺天盖地的形势。2016年全市规模企业867家，中心城区规模企业245家，占全市的28%，只比2015年232家增长5.6%。

（三）制约因素较多，中小企业经营状况不佳

从目前我市规模以上企业情况看，有竞争力的中小企业和有实力的民营企业集团较少，大多数民营企业仍处于起步和创业阶段；传统产业大部分企业设备陈旧、产品落后、效益低下的问题仍比较突出，有些企业甚至仍处于生产作坊式，管理家族式的原始状态；受国际国内经济下行的大环境影响，企业面临着资金紧张、产品价格下降、市场需求不足、用工成本上升等诸多因素的影响，经营状况堪忧，特别是中小企业融资成本高达12%，融资难、融资贵的现象十分普遍。2016年全市工业用电量为40.13亿千瓦时，同比下降12.8%，工业企业生产放缓、市场低迷，生产经营状况堪忧。

（四）工业基础设施不全，产业聚集度不高

我市工业基础薄弱，道路、供水、供电、通信等基础相对不全，设施配套不完善；工业园区遍地开花，产业结构低端且雷同，未形成品牌特色的竞争优势。企业普遍整体素质偏低，少部分工业园区根本没有主导产业这个概念，对入园企业不按产业政策把关，入园门槛不高，引进的项目质量不高，传统产业项目多、高新技术产业项目少，缺乏竞争力，难以形成产业链，势必造成企业物流成本过高。园区只是企业地理空间的聚集，是量上的“堆砌”，未形成真正的产业集群和企业规模化发展群体。

三、我市财源建设存在的主要问题

近年来，面对地方财政收入增长缓慢，收支矛盾突出，财政平衡难度大的实际困难，我市把加强财源建设作为发展地方经济的一项重要工作来抓，虽然取得了一定效果，经济总量不断壮大，2012 年至 2016 年，全市地区生产总值由 945.4 亿元增加到 1565.81 亿元，增加了 1.48 倍，年均增长 9.4%；规模工业增加值由 261. 8 亿元增加到 340 亿元，年均增长 10.8%；规模工业总产值由 691.8 亿元增加到 1282.3 亿元，增加了 1.85 倍，年均增长 16.7%；产业结构不断优化，全市三大产业结构由 2012 年的 23∶38.8∶38.2 调整为 20.9∶34.8∶44.3，第三产业提升了 6.1 个百分点；财政总收入完成 150 亿元，是 2012 年 86.7 亿元的 1.73 倍，年均增长 14.7%。但是客观来看，近年来实施的财源建设效果并不明显，主要体现在：

（一）财源建设结构不优

2016 年，我市三次产业结构为 21∶35∶44，第一产业比重过高，成为财政收入增长的一大瓶颈。市本级财政收入高度依赖烟草和汽车行业，烟草行业受“控烟令”和中央、省、市严控“三公经费”等政策影响，涉烟税收难以实现持续增长。汽车行业整车产品仍是燃油车，在全国上下认真贯彻落实“五大发展理念”的新形势下，新能源汽车势必取代燃油汽车，燃油汽车生产行业的存续期危在旦夕，将给财政收入带来较大影响。2016 年我市规模工业总产值为 1217 亿元，新兴产业占比为 37%，其中先进装备制造 10%、电子信息 11%、生物医药 4%、新能源新材料 12%，传统产业占比大，新兴产业带动作用不明显。全市高新技术企业 47 家，占全省总数 2212 家的 2%。作为全市工业主体的装备制造业整体发展水平还不高，重大、成套产品少，产品加工精度、可靠性、自动化程度和国际先进水平还有较大差距，整体看仍处于工业产业链的低端。

（二）财源建设的质量不优

2016年，我市财政总收入占GDP的比重为9.6%，低于全省4个百分点，反映了我市经济总量不足和经济运行整体水平仍然较低。从税收收入占财政收入比重看，2016年，全国是81%，全省是73%，而全市是72.3%。随着经济发展步入新常态，我市经济增长、财税增收趋势放缓，经济增长率由2012年的11%回落到2016年的8%，财政收入增速由2012年的23%回落到2016年的14.3%。当前，我市在发展经济尤其是招商引资过程中，出现了重数量不重效益的现象，只要引得进来，什么优惠条件都给，且期限过长，以至于一些引进来的企业对当地财政根本产生不了多大效益。如果没有经济效益，地方财政得不到好处，花大力气引进的这些项目也达不到我们财源建设的目的。

（三）财源建设的投入产出不匹配

2016年全市固定资产投资由593.3亿元增加到1645.9亿元，年均增长24.2%；而财政总收入由70.5亿元增加到150亿元，年均增长16.3%。就经开区来说，投入大，发展速度不快，产出不理想。2016年，经开区基础设施投入3.4亿元，财政总收入完成2亿元，地方财政收入1.6亿元，税收收入1.5亿元。投资的较高增长与财税的较低增幅不协调，培植财源的作用近期还未得到有效发挥。

（四）财源建设项目效益不明显

近两年，我市平均每年新上投资上千万元的项目有100多个，但真正能拉动财源大幅增长的大项目不多，有显著效益的财源建设项目不仅数量少、规模小，而且建设进度慢，许多项目不能按预期竣工投产，有的项目建成后往往错过了市场机遇。还有的项目建成后，由于原材料等方面的原因，设计生产能力难以完全发挥。还有的企业由于原料不足，大多生产不能满负荷，个别新上财源项目运行质量不高，对财政收入增长的拉动作用不强。

四、加强财源建设的措施和建议

加强财源建设，做大财政“蛋糕”，促进经济发展，实现经济和财政的良性互动，关键是要固本开源，在继续巩固现有财源的基础上，加大后续财源的培植力度，增强财政增收的后劲。主要措施建议如下：

（一）加强领导兴财源

1. 提高认识，转变观念

财源是财政收入的源泉，是财政的本源。财源建设与经济增长之间存在着相互依存、相互制约的关系，财源建设的根本目的就是发展地方经济，促进财政增收，从而实现经济与财政的良性互动。市县区党政领导及相关部门要充分认识财源建设与经济以及生财、聚财与用财关系，把财源建设作为推动永州经济社会赶超发展的重要任务来抓，坚持生财为本、生财为先的理念，树立财源建设发展新思路。第一，要强化工业财源的观念。要立足我市工业基础和资源优势，大力发展工业经济，加大调整产业结构的力度，做大做强支柱产业，推动传统产业转型升级，推进新兴产业快速发展，促进产业集群式发展，才能拥有可持续增长的财源，第二，要强化效益财源的观念。即在经济发展的质和量方面，要以效益为中心，兼顾速度。要把招商引资变成招商选资，把新兴的产业引进来，把真正有发展实力、有税收贡献能力、有就业潜力的企业引进来。第三，要强化中心城区财源观念。集中优势区域建设财源，把中心城区工业园区作为构建现代财源体系的主战场，进一步创新管理体制，强化经营理念，突出规划调整，加大园区基础设施投入力度，提升服务效能，全面完善项目发展环境，使园区经济日趋成为促进我市财税增收的主引擎。同时注重培植壮大本级财源。要有针对性地将一些市委、市政府花大力气引进落地的税收贡献能力强的企业实行税收市本级独享或高比例分享。

2. 领导挂帅，高位推动

市县区要进一步强化财源建设意识，成立由党政一把手挂帅的财源建设领导小组，领导协调全市的财源建设工作；组织制订系统的财源建设规划和明确的产业政策；定期召开会议，通报全市财源建设情况及财政收入进度，研究分析每个阶段存在的问题，制定下一步工作重点。通过有效的组织保障，高位推动财源建设顺利进行。

3. 完善机制，考核引领

建立健全财源建设与财政收入增长奖惩激励机制，把财政收入和财源建设纳入市委、市政府年度工作绩效考核内容，将地方财政收入增长率（考核财源建设总体情况）、税收占比增长率（考核财源质量）、前30户纳税企业税收占比增长率（考核骨干财源建设情况）、新增骨干财源户数（考核新增财源和接续财源建设情况）四项作为对县区的重点考核内容，将综合治税、落实财源建设政策、帮扶企业税收增长幅度三项作为对市直单位的考核内容；奖优罚劣，最大限度地调动各级各部门进行财源建设的积极性和主动性。

（二）厚植产业培财源

1. 抢占高点培育新兴产业，突出特色发展优势产业

一是通过外资拉动型模式、大企业集团型模式、中小企业集群型模式、农业产业化模式、创新型新兴经济模式、园区集聚型模式、产城融合型模式，重点围绕先进装备制造、生物制药、新能源新材料、电子信息、大数据产业等五大新兴产业开展招商选商，着力引进培育先进机械制造、电子信息和光伏、新能源新材料及再生资源、生物医药、文化创意、现代物流等一批战略性新兴产业，抢占新兴产业制高点。二是立足于我市现有的装备制造、食品加工、生物医药等优势主导产业，用高新技术改造传统产业，用信息化推动工业化，支持企业实施重大项目和技术改造，鼓励企业进行战略重组，尽快促其做大做强，培育壮大优势企业，提升工业企业整体竞争力。促进“永州制造”向“永州智造”跨越。

2. 聚焦辐射延长产业链条，强化配套补齐产业短板

一个国家或地区的现代工业在整个国民经济中发挥主导作用，由传

统的农业经济向工业经济转化，由传统的农业文明向工业文明转化的过程就是工业化的过程。加速工业化，是增加财税收入，缓解财政压力的重要途径。从工业发展史来看，工业化初期企业开始集中，工业化中期产业开始集聚，工业化中后期产业链形成，工业化后期产业集群。我市尚处于工业化初期向工业化中期过渡阶段，要后发赶超，加速发展；在遵循规律的前提下，一定要做到突出重点，融合发展，避免单打独斗。一是抓实园区在我市财政收入中的主要载体地位，优化财源的区域结构，支持经开区和工业集中区完善基础设施和配套服务功能，广泛开展产业链招商，推动园区集聚、集约、错位、互补发展，打造区域财政收入、经济发展的增长极。二是注重产业链的布局。在产业链延伸升级上下功夫，提高产品附加值，推动产业向高端化、产品终端化发展。特别应该围绕汽车产业的产业链延伸，引进配套的上下游企业，形成完整的产业链。让长丰猎豹汽车有生产能力，却没有变速箱等零配件的现象不再发生。

（三）同频共振聚财源

1. 建立部门精准帮扶机制

借鉴精准扶贫的做法，建立市级领导联系名录企业、市直单位精准帮扶名录企业制度。由市级领导带领分管部门对名录企业实行“一个企业、一名领导、一套班子、一企一策、一抓到底”的方式，积极深入帮扶企业，主动为企业服务，及时研究和协调解决企业发展中遇到的难题，助推项目建设与企业发展，促进税收增长。制定精准帮扶税收增长考核办法，每年由市委、市政府对帮扶效果好、帮扶企业税收增长幅度较大的单位给予表彰奖励，奖励额度为税收增量部分的10%，可发放到精准帮扶相关人员。对帮扶不力、帮扶效果不好、税收负增长的单位给予通报批评并做相应处理。

2. 加大投入支持财源建设

财政部门作为政府的资金管理部门，承担着筹集财源建设资金重要职责。在我市财力比较紧张的情况下，各级财政部门要拓宽思路，多渠道筹集资金，加大对财源建设的投入。第一，设立财源发展专项资金，规范资金投放机制。整合现有的工业发展及开放型经济专项等有关产业发展专项资金，设立市本级工业财源发展专项资金，并根据实际情况逐年增加。建立工业财源发展专项资金项目库，将符合国家产业政策、科技含量高、发展潜力大、经济效益好、符合环保要求的规模企业纳入专项资金项目库，并进行年度考核、名录公示管理；每年按有关规定从项目库通过“五公开”的方式挑选优质项目，通过贷款贴息、税收增量奖励等后补助的形式进行扶持，以新产业、新业态培植新的地方主体财源。第二，鼓励银行增加信贷投放。一是健全金融机构支持地方经济发展的考核奖励制度，鼓励金融机构调整、优化信贷结构，将扩大对实体经济特别是工业企业的信贷投放作为重要的目标任务纳入市政府对市级银行业金融机构的考核。在考核奖励中增设中小工业企业的信贷投放增幅奖。二是建立健全“以存促贷”工考核机制。将市级财政专户资金、行政事业单位特设专户资金、市直部门管理的社保资金等政府性资金，住房公积金，融资平台公司可统筹调度的建设资金的存款，与金融机构的对工业企业、财源建设项目的信贷投放挂钩。第三，健全信贷风险防范化解机制。加强政府与银行业金融机构的合作，建立健全信贷风险防范化解机制，激励银行业加大对中小工业企业的信贷投放。一是每年一季度定期在公众媒体上公布经考核、调整后的新兴产业发展资金项目库企业名录。筛选确定融资需求的财源建设重点项目，及时发布给银行业金融机构；将解决工业企业融资需求作为每年举办政银企合作会的主题，促进政银企融资信贷交流。二是建立企业、银行、担保合作机制。凡属名录内的企业向银行贷款，均可由担保公司担保，企业再将资产抵押给担保公司进行反担保，有效解决企业融资难、融资贵的问题。三是设立市本级“助保贷”业务平台，由政府出资的政府风险补偿资金，与企业按贷款金额一定比例缴纳的企业助保金共同组成“助保资金池”，出现代偿时，按企业助保金、政府风险补偿资金和合作银行各 50% 的顺序代偿。为缺少抵押、担保的中小微企业增信，鼓励、引导银行借助“助保贷”

平台为企业发放贷款；利用政府风险补偿资金的杠杆效应，撬动和放大10倍以上的银行贷款资金，支持中小企业发展和财源建设。

3. 部门联动，落实责任

一是整合相关部门力量，充分发挥发改、经信、商粮、税务、工商等经济主管部门职能作用，解决企业引进、财源培植过程中出现的具体问题；鼓励相关部门大力包装市本级项目向上争取资金，拓宽支持财源建设的资金来源；建立招商引资评估体系，杜绝“只占资源，没有效益”的项目上马。二是加强财税征管，依法治税聚财。规范征纳行为，创新征管手段，深入探索对企业，特别是工业企业生产、销售各个环节进行监控的新方法、新措施，尽快改变有的企业“生产红火，缴税低落”的不正常现象；不断强化税源排查和监控，对欠税开展专项治理，对零增长、负增长等纳税异常户进行重点评估和检查；强化协税护税，监督企业依法纳税、主动纳税。确保各项税收应收尽收，切实把财源建设的成效体现到财政增收上来。

（四）优化环境旺财源

1. 加强硬环境

各级各部门要把优化环境作为财源建设的重要工作来抓。一是完善城市、园区环境及配套设施建设，把城市建设得像公园，把园区建设得像花园，以优异的环境吸引效益显著的财源建设项目在我市落地投产。二是完善各项政策。财源建设工作要靠贯彻落实各项政策措施推进，所以既要重视资金扶持，还要讲求政策引导。通过制定和完善科学的产业政策、各项优惠政策及政府购买服务和信息服务等手段，积极支持有潜力、有前景的产业、企业或财源建设项目大力发展，从而实现经济的可持续发展。

2. 改善软环境

切实转变政府职能，转变服务理念和方式。加强部门信息互联互通，深化服务层次，简化办事环节，实行“一条龙”服务、“一站式”办公等便民服务，提高办事效率，让企业办事更方便、更快捷；建立健全以企业信用为主体的社会信用体系，着力激活民间资本，多管齐下解决中小企业贷款难问题；引导全民创业，打造新的财源增长点。通过深化改革、转变作风、强化服务，为财源建设营造公平竞争的发展环境，良好的政务环境、金融环境，规范有序的市场环境。

（永州市财政局党组成员、总会计师，永州市财政局综合科科长）

充分发挥财政职能　加快工业财源建设

马　玮

加快推进新型工业化进程，增强经济发展后劲，是促进财政收入稳步增长，壮大地方财政实力的根本途径。我市经济发展的短板是工业，发展的希望也在工业。必须牢固树立工业率先发展意识，发挥政府职能部门作用，整合生产要素，支持工业经济加快发展，培育和壮大工业主体财源，构筑财政增收的稳固基础。

一、永州工业经济发展现状

近年来，我市上下牢固树立和贯彻“创新、协调、绿色、开放、共享”的发展理念，着力稳增长、调结构、转方式，积极推进“三去一降一补”和供给侧结构性改革，千方百计促进工业经济发展，全市工业经济运行总体趋稳、向好。

（一）增速排位全省前移

2016 年，全市地区生产总值 1565.81 亿元，增长 8%，排全省第 6 位，全市规模以上工业增加值 323.77 亿元，增长 6.6%，高于全国平均增速 0.6 个百分点，2015 年永州市规模以上工业总产值突破了千亿元关口后，2016 年达到了 1282.27 亿元，增长 13.2%。

（二）园区发展步伐加快

2014—2016 年，中心城区（含冷水滩、零陵、市经开区，下同）累计投入资金 84.7 亿元，支持园区基础设施和标准厂房建设。工业园区完成土地征用面积突破了 1200 公顷，入园入统企业 204 家，就业人数 8.8 万人。园区投资环境的改善，有力地推进了工业项目建设。2016 年园区完成工业投资近 690 亿元，一批工业重点项目落地开工。

（三）招商引资成效明显

2014—2016 年，全市实际利用外资 25.35 亿美元，其中：工业实际利用外资 18.77 亿美元（中心城区 13.72 亿美元）；全市进出口总额 28.57 亿美元（中心城区 13.29 亿美元）。

（四）工业税收增长平稳

2016 年，全市完成税收收入 108 亿元，比上年增长 15.6%，其中：工业税收 17.8 亿元，增长 30%。中心城区工业税收 9.98 亿元，占全市工业税收的 56%，增长 27.2%。

二、永州工业经济发展存在的主要问题

总的来看，全市工业经济运行健康平稳，前景看好，但也存在不少困难和问题。

（一）产业发展定位不明晰

当前工业发展规划局限于在现有企业或产业、自有资源上做文章，没有很好地依托资源跳出去，深层次地挖掘关联度高的产业，实现产业优势互补；在紧跟国家战略性新兴产业发展规划上，研判国家宏观调控政策和经济发展形势滞后，政府主导产业发展定位不明晰，规划引领作用不强，“无中生有”产业不多，影响了招商引资引智工作的针对性、目的性；县区工业发展规划“错位发展、突出特色”理念没有凸显，产业规划内容大同小异，同质化竞争现象较为突出。

（二）工业经济规模量少力微

2016 年，全市地区生产总值 1565.81 亿元，占全省的 4.7%；规模以上工业增加值 323.77 亿元，占全省的 2.8%；规模以上工业企业个数

占全省的6.16%。全市工业企业中，传统企业多，新兴产业、高新技术、总部企业、全产业链集群企业少，在沪、深两家证券交易所上市的永州市本土企业没有一家。

（三）中心城区工业辐射带动能力弱

2016年，中心城区规模以上工业增加值102.49亿元，比上年下降16.5%，占全市的31.7%；规模以上工业总产值383.64亿元，增长5.1%，占全市的29.9%。中心城区三大园区新入统50家企业，入统企业总数为204家，但新入统企业贡献率不大，三大园区的规模工业增加值比上年下降12%。中心城区工业经济发展的辐射带动能力不强，没有一家企业能带动一个产业实现上下游链条式发展，带动市内其他县工业经济协调发展。

（四）中心城区工业财源基础不牢

一是工业对税收的贡献率低。工业税收占中心城区税收总额的21.9%，占工业总产值的2.6%，低于全国平均水平2.4个百分点。二是工业税收抗风险能力弱。税收大户少，税收过亿元的2户，1千万元—1亿元的14户，500万元—1000万元的11户。工业税收高度依赖长丰集团、烟厂等少数企业，“两厂”2016年实现税收7.1亿元，占工业税收9.98亿元的71%。传统工业发展缓慢，新兴财源虽有所增加，但规模不大，持续稳定增长的后劲不足，财源基础薄弱，抗风险能力弱。

（五）帮扶企业模式单一

实体经济在生产经营过程中，受生产要素的制约，遇到的困难大、矛盾多，尤其是在资金、人才、技术创新等方面最为突出。为缓解企业的压力，政府实施了一些政策措施有效地激活了生产要素配置，但是帮扶模式僵化、金融服务方式单一、科技投入不足、人才引进不多，企业融资难、用工难、科技成果转换难、物流成本高的问题和困难没有得到大的改善，影响了工业企业的成长和壮大，工业企业上市或做大做强之路举步维艰。

三、加快工业财源建设的对策与建议

（一）打好园区升级战役，提升园区综合配套功能

秉承“规划更优、产业更明、体制更顺、配套更全、团队更强”的理念，坚持“做大规模、做精质量、做好品牌、做强平台、做优环境”原则，推动园区规划布局、产业发展、基础设施、配套功能、管理服务等全面升级，形成新的集聚效应和增长动力。一是坚持政府主导，做好产业（园区）发展规划。按照“无中生有”“有中培大”“大中做强”原则，突出前瞻性、长期性、全面性和科学性，修订、完善产业（园区）发展规划。坚持项目引领，完善产业（园区）空间布局和数量规模，形成布局合理、错位发展、功能协调的发展格局，提高经济发展的质量和效益。二是坚持深化改革，理顺园区管理体制。以市场为导向，以服务企业为目标，坚持“精简、统一、效能”原则，按照“封闭运行、充分授权、有求必应、无事不扰”的要求，大力推进简政放权，创新园区管理体制，创优园区发展环境，激发园区发展动力和活力。三是坚持产城融合，高标准建设好园区。按照产城融合、主导产业明确、设施配套完备的要求，科学统筹规划布局，加快配套设施建设，优化营商环境。积极探索合作共建的发展新模式，引进社会资本投资建设、运营特色产业园。

（二）招大商引巨资，引领产业集群发展

一要高度重视招商。进一步解放思想，创新思维，把招商引资作为品质活力新永州建设的“第一工程”，作为园区发展的“第一菜单”，作为振兴实体经济的“第一手段”，在全市上下形成“大招商、招大商”的浓厚氛围。二要突出精准招商。创新招商引资理念，充分发挥主导产业的集聚优势，瞄准世界500强、中国100强企业和行业领军龙头企业，深度开发和包装一批项目。调整招商方式，突出招商主体，组建专业团队，引进一批大企业大项目，引进“总部经济”，推动优势产业、优势

企业、优势资源向产业园区集聚，不断延伸上下游产业链。注重园区功能布局，将同源企业、同类企业、关联度较强的项目放在同一园区，壮大园区的产业规模，延长产业链条，培育产业集群。三要严格考核招商。因地制宜地制定招商引资政策，修订和完善招商引资考核办法，加大激励力度，重奖重用招商功臣，促进有效投资。

（三）推进创新驱动，构建投资兴业洼地

借鉴和学习外地的先进经验，研究制订科技、人才、财政、金融、服务和用工、用地、用电等一系列政策和措施，着力构建“投资高地、政策洼地、兴业福地”。一是推进科技创新。实施创新驱动发展战略，积极引进国家级、行业龙头企业的研究机构，与国内、国际合作建设重点实验室、工程（技术研究）中心等研发机构，建设科技研发机构集聚高地；积极引进创投、银行、证券、信托、金融中介等机构，以做大科技创业风险投资规模为重点，有效破解科技投资的难题；加快发展众创空间、大学科技园、科技企业“孵化器”等创业服务平台，构建公共技术服务平台，促进科技成果通过平台转化为真正的生产力和驱动力。二是推进转型升级。通过优化园区功能，扶持重大项目、支持科技研发、腾笼换鸟等措施，支持传统制造业通过技术改造向中高端迈进，促进信息技术与制造业结合；主动培育高端装备、机器人、新一代信息技术、生物技术、新能源、新材料、数字创意等战略性新兴产业。三是优化营商环境。借鉴外地先进经验，制订和完善扩大开放促进投资、加快发展战略性新兴产业、工业转型升级、推进新型工业化、降低实体经济企业成本、优化营商环境等一系列措施办法，激发有效投资空间。加大企业股份制改造和技术创新的力度，通过挂靠联合，支持企业包装上市。通过设立创业投资基金、孵化专项基金、产业引导股权投资基金，做优融资平台，采取市场化运作和股权投资，增强园区自身造血功能，形成扶持产业发展的强大动能。

（四）发挥财政职能，推动工业财源大发展

一是整合财政资金，建立产业发展基金。全面整合市级经济发展类专项资金，设立“永州市本级产业发展基金”，重点投入符合产业发展方向、对我市经济发展具有重要支撑作用的战略性新兴产业，加快构筑具有永州特色优势、与创新崛起开放引领发展战略相适应的现代产业体系。二是立足财政增收，建立财源企业库。围绕经济增长、企业增效、财政增收，精选200—300家产业特色鲜明、市场前景良好、竞争能力强、财税贡献潜力大的中小微企业建立市级财源企业库，在建设用地、企业用工、跑项争资、融资贷款、财税优惠等方面给予重点倾斜，支持企业做大做强，加快形成“大企业顶天立地、中小微企业铺天盖地”的财源格局。三是着眼扩大信贷，建立财银互动机制。进一步修改完善金融机构支持地方经济发展考核奖励办法，加快出台《永州市本级政府性资金存放银行业金融机构评价分配暂行办法》，对新增贷款多、信贷结构合理、与融资担保公司配合好的金融机构加大奖励力度，调整增加政府性资金存款，引导金融机构活水加快流向实体经济。通过市融资担保公司对财源企业进行贷款担保和融资增信，安排专门资金对金融机构投入财源企业的贷款给予贴息，促进金融机构“放心贷”。四是凝聚工作合力，建立企业帮扶新机制。借鉴精准扶贫的成功经验，建立健全市直部门（单位）与财源企业结对帮扶机制，组建企业帮扶小组，深入企业帮助解决实际困难，促进企业发展。制定财源企业帮扶绩效考核办法，将帮扶企业入库税收作为绩效评价的重要指标，按企业年度新增税收市级分成部分的10%奖励帮扶部门（单位），充分调动市直部门（单位）支持财源建设的积极性和主动性，形成齐抓共管的良好氛围。

（永州市财政局国库集中支付中心主任）

浅谈对非税工作认识及改革思路

杨 迪

根据“解放思想，实干兴永”大讨论活动要求，结合自己工作实践，就新常态下如何砥砺前进，深化非税改革，谈自己一点浅薄的看法与认识。

一、曾经的荣耀与现实的困境

湖南省非税收入管理工作一直走在全国前列，成绩骄人。一是在全国范围内率先立法。2004 年出台《湖南省非税收入管理条例》，明确了非税收入“所有权属国家、使用权归政府、管理权在财政”的责任体系，将非税收入管理纳入了法治轨道。二是不断创新征管方式。实施了非税收入“收支两条线”和预算管理制度，出台了执收考核等一系列管理办法，确保了非税收入依法征收、应收尽收。截至 2016 年末，永州市纳入预算管理的非税收入占其总额的比重升至 95% 以上。三是为财政增收做出了积极贡献。2004—2016 年，全省完成非税收入总额从 338 亿元，增至 2230 亿元，年均增长 17 %，其中，纳入一般公共财政预算的非税收入由 102 亿元增至 1146 亿元，年均增长 22%。同期，永州市也实现了跨越式增长，非税收入总额由 8.5 亿元，增加到 80.1 亿元，年均增长 20.5 %。其中，纳入一般公共财政预算的非税收入由 3.9 亿元增至 41.5 亿元，年均增长 21.8 %。非税收入成为财政增收的一支重要主力军。2016 年，湖南省、永州市新增非税收入分别占当年财政增收的 65% 和

41%。通过十多年改革探讨和勤征细管，有效地发挥了非税收入在促进公共财政体系建设、增强政府宏观调控能力、源头防治腐败、优化经济发展环境乃至构建和谐社会等方面的重要职能作用，形成了“湖南非税”品牌效应。作为非税人，倍感光荣和自豪。

随着社会主义市场经济的深入推进，永州市非税工作也遇到了前所未有的挑战。一是受政绩观影响，非税收入成为一些市县（区）调节财政收入的储水池。为完成年度财政收入计划，一些市县（区）或人为虚增非税收入；或人为控制非税收入的正常增势，该收不收，应缴不缴；有的甚至还将非税收入以税收形式缴库。二是非税收入在财政收入中占比居高不下，影响了湖南在全国、永州在全省的形象。近几年来，湖南省非税收入在一般公共财政预算收入中占比一直居全国前三。永州市本级非税收入占比达到了55 %以上，且长期回落不下。因占比过高，影响了中央对我省、省对我市的均衡性转移支付补助规模。可谓“要了面子，丢了里子”。三是非税收入征管手段不先进，管理办法还不完善。近期全省发生的一系列经济犯罪案件与非税收入管理存在漏洞有关。一段时间，人人谈“非”色变，拒而远之。四是新常态下，非税收入消项降标不断，社会各界对非税收入是否有继续存在的必要提出了质疑。非税工作今后的路在何方？作为非税人，倍感迷茫和伤感。

二、拨开迷雾看实质

如何从曾经的荣耀走出来，理性看待现实困境，个人理解，关键在于厘清以下三方面认识。

（一）非税收入制度是国家治理重要手段，不可缺少

一是从国家治理的角度来看，取消非税收入不可行。一方面，在现有条件下不能没有非税收入，取消非税收入会导致严重的国家治理风险；另一方面，非税收入管理失控，将会引发新的国家治理风险。非税收入治理与国家治理有内在关联，既不能简单取消，也不能放任不管。严格规范管理非税收入，构成国家治理的重要内容。二是非税收入既是平衡

政府、企业和个人利益关系的一个重要途径，也是促进社会公平的一个重要手段，不能放弃。三是未来我国非税收入还有合理增长空间及要求。当前以公共权力为依托的行政性收费会不断减少，但以政府财产权为依托的非税收入会不断扩大，增长潜力很大。四是完善非税收入管理制度作为构建现代财政制度的重要内容，是当今财政改革不可缺失的部分。

（二）现行非税收入管理存在诸多风险，亟待完善

一是顶层设计缺乏。非税收入管理缺乏全国性立法。近几年来，财政部和湖南省财政厅相继出台的一些政策，虽有涉及非税收入，但层级不高、权威性不够，零星碎片化，系统性缺失十分明显。2016 年 3 月财政部下发的《关于政府非税收入管理办法》，虽对非税收入设立和征收管理、票据管理、资金管理、监督管理等进行了规定，但没有上升到法律层面。同时，新修订的《预算法》对非税收入也未做出明确界定。二是管理界定模糊。非税收入种类及项目繁多，但并非所有非税收入都有制度覆盖。湖南省秉承非税收入立项与标准共管，政策制定与执行分立的原则，造成部分收入有政策却难征收、部分收入应当收却无依据。如服务性收费继续由发改部门（物价部门）独管，催生了“这边取消那边新立”等乱象。与此同时，新生事物，如公共资源和城市资源管理，非税政策却未覆盖到位。三是执收主体分散。非税收入牵涉很多部门和单位，如公安、检察、法院等各部门都有一定规制权。不同规制权带来的非税收入由不同部门管理和执收，很容易形成各自为政的状态。通过执收与缴款分离和非税部门直接征收制度改革，虽然能将收入集中收缴，但非税收入的立项、标准及依据依旧存在各自为政的乱象。四是技术手段滞后。目前湖南省非税收入管理使用的数据信息及网络平台尚缺乏全局性技术处理能力，一些日常结算工作还需人工汇总完成。对新生事物如微信等移动平台缴费支付方面跟进也不及时，电子票据尚未全面普及和应用。五是监督机制失灵。长期以来，对非税收入征收及减免缓缺乏有效监督，给一些不法人员较大的寻租空间。《湖南省非税收入管理条例》规定，县级以上人大应对同级财政非税收入进行监督，但在实际工作中，难以落实到位。与此同时，对明显违反《预算法》和《湖南省非税收入管理条例》行为处罚不严或不力，造成部分市县（区）在人为操控非税收入规模和进度时，存在侥幸心理。

（三）走出非税收入占比认识上的误区，任重道远

非税收入作为财政收入的重要组成部分，其占财政收入比例反映了一个地方财政收入质量和经济发展水平，但是不能简单以“占比”论英雄。全面把握其内在关系，还需“五看”：一看管理口径。从我国现状来看，一些省市还有部分非税收入在体制外循环，不利于横向比较和对非税收入综合研究分析。由于管理方式不同，造成非税收入执行和统计口径也不一。湖南省非税收入占比高，与此有很大的内在关联性。二看规模大小。“北上广”等发达省市的非税收入规模大，但纳入一般公共预算的占比却在全国末尾徘徊；湖南规模不大，但占比却一直列全国前三。永州市非税收入占比虽高，但与湖南省其他发达市州相比，总规模仍然偏低。2016 年纳入一般公共财政预算的非税收入，永州市 41 亿元，同期长沙 268 亿元，株洲 112 亿元，岳阳 81 亿元。三看财力构成。通过深化预算改革，部分非税收入能够给地方政府提供可观的支配财源，其作用等同税源，可作“优质”收入来看待。因此，当不同地区非税收入占比相同时，其提供的真实财力可能存在较大差距。四看两个占比。近几年来，在财税体制和“省直管县”改革下，中央和省财政不断扩大对地方主要税种分享范围及分享比例，制约了市县（区）税收规模在一般公共财政预算收入中的增长空间。分析非税收入占比时，既要看在一般公共财政预算收入中的占比，又要看在地方财政总收入中的占比，形成客观准确的分析结论。五看真实情况。加强非税收入管理目的在于确保依法征收、应收尽收。不能因为占比高、收入姓“非”，就人为控制非税收入入库规模。即使非税收入占比再低，也要确保收入的真实性，杜绝虚增非税收入。

三、重塑认识再出发

“守土有责、守土尽责”，作为新常态时期的非税人有责任、有义务将“湖南非税”这项工作认真执行下去。通过厘清认识，研究改革方向及措施，充分发挥出非税收入应有财政效能。

（一）三步走，加快非税收入法治建设步伐

一是参与谋划好《湖南省非税收入管理条例》的修订工作。作为当前重要工作，根据中央非税收入相关政策，建议进一步细化、充实完善《条例》内容，将实践证明已较成熟的经验做法纳入地方性法规范畴。二是稳步推进国家层面非税收入立法进程。作为中期目标，建议加快国家层面非税收入管理立法工作。从依法治费的角度理顺非税收入立项定标、征管边界、机构职能等核心事项，出台全国范围内统一的“尚方宝剑”。三是树立现代法治观念，推进非税收入法治治理。作为长远目标，在推进“税收法定”的同时，建议倡导“非税法定”的治国理念。在界定中央与地方立法权限的基础上，对于依托公权力的行政事业性收费、政府性基金和政府定价的服务性收费项目，均通过“非税法定”进行限制。没有法律法规依据不得设立非税收入项目。

（二）五举措，完善非税收入预算管理制度

一是将所有非税收入全部纳入预算管理。建议全国一盘棋，加快推进“收支两条线”核算办法，全部取消非税收入财政专户管理方式，全额纳入预算管理，实现非税收入预算体系的“双变单”。二是严格按照政府四本预算结构科学分类管理非税收入，防止非税收入在四本预算间随意调整。三是建议加快一般公共财政预算、政府性基金预算和国有资本经营预算等三本政府预算合并推进工作，尽快在“一个口子”下核算非税收入。四是硬化非税收入支出预算约束。科学足额核定成本支出，实现非税收入收支彻底脱钩。严格落实新《预算法》关于超收的规定，不随意开新增非税收入支出的口子。积极改革非税收入专款性质限制，加大政府财力统筹力度。五是抓好非税收入信息公开制度。充分利用网络媒体，对非税收入收费、基金项目进行常态化公示，系统化管理。加强日常性的维护，及时更新取消、停征及新设立的项目目录信息。

（三）五提速，强化非税收入征管

一是加快构建完整的征管体系。通过立法，赋予非税收入征管机构合法的主体地位，将分散于财政系统内部的非税收入政策管理、预算管理、票据管理、征收管理、核算管理及结算统计等各项职能，统一归口到非税收入征管机构管理，从根本上解决非税收入多头管理、职能分散的问题，妥善处理好“裁判员”与“运动员”关系界定。二是加快推进财政信息化建设进程。构建全新的非税征管网络体系，实现征管手段信息化。提升非税收入数据“云计算”处理能力，实现数据共享和非税收入五级（中央、省、市、县、乡）全程动态监控体系。三是加快国库单一账户改革步伐，提高资金透明度。逐步取消非税收入过渡专户，将已明确为收入项目的，直接纳入金库核算管理。四是加快拓展非税收入财政直收范围。通过推进网银收缴，手机微信等自助缴费形式，逐步扩容财政直接征收。探讨在市县两级施行“直接征收为常态、委托征收为例外”的新型征收模式，实现所有单位、所有项目全覆盖。五是加快完善非税收入减免缓规定。规范非税收入减免缓操作程序，坚持归口管理、从严审批的原则，实行分类管理、分级审批的管理方式，进一步压减非税收入减免缓自由裁量权。积极探讨非税收入减免实施先征后返的运作方式，堵塞决策及管理上的漏洞。

（四）四加强，搞好非税收入占比及关联研究

放眼全局，通过加强非税收入与财政收入关系的分析，更好地为财政经济服务。一是加强财源培植研究。通过财源建设这一抓手，因地制宜加大招商引资和园区建设力度，壮大税收收入规模，逐步降低非税收入在财政收入中的占比。二是加强财政管理体制研究。建议积极推动中央与地方财政管理体制改革，按照事权与财权合理匹配原则，将更多税收权留给地方，提高地方在共享税种中分享比例。对一些小税种建议全部下放给地方财政。三是加强费税并轨改革研究。建议推进非税项目向税收项目转变改革。对目前实际已作为税收收入管理的非税项目，如教育费附加及地方教育附加收入，建议直接列为税收收入统计项目。加快开征环境资源税，替代排污费收入。积极探讨社会保险基金收入向社会保险税收收入过渡。四是加强非税收入动态和趋势分析研究。去伪存真，为科学决策提供客观真实的依据。

（五）四到位，构建监督惩处机制

一是宣传到位。加大《预算法》及非税政策财政法规宣传力度，让广大群众人人知晓，执法人员入脑入心。二是考核到位。修订完善政府责任考核评价体系，通过淡化总量考评、建立奖惩机制等针对性措施挤压收入“水分”，彻底消除“税不够、费来凑”等做法。三是监督到位。充分发挥新常态下人大、监察、审计及社会舆论的监督作用。将监管“手臂”由事后延伸至事前、事中并贯穿非税收入征管全过程。按季度和重点月份实施动态分析监控，及时发现异常情况，启动预警机制。聚焦“关键少数”，重点纠治关键领域非税收入乱作为和不作为，引导和督促各级执收单位规范征管行为。日常检查与专项检查相结合，依法从严治理非税收入混库、空转等行为，防止非税收入“跑、冒、滴、漏”。四是惩处到位。努力消除财政监督发现问题“高高举起”，处理问题“轻轻落下”等短板，依法依规惩处非税收入征管中的违法违规行为。加大重点及典型案例查处力度，发挥好警示作用。

（永州市非税收入征收管理局局长）

试论财政部门如何参管重点水利项目

陈蓓蕾

由于水利项目的水文资料和地质资料掌控在行业部门等原因，水利项目市场化程度不高，设计监理从属于行业主管部门，前期可研立项、扩初设计、概算编制都是在一个行业内部进行的，扩初设计和概算批复后，财政部门只负责出资和拨款，财政部门参管程度不高。本文就财政部门如何参管重点水利项目做一些初步探讨。

一、主动参与前期立项工作，从源头把控投资

从项目建议书、可研报告到概算编制，同级财政部门都应当主动参与，特别是项目可研阶段和概算编制过程，财政部门应全程参与。项目可行性研究，是项目的社会效益、经济效益和生态效应的一个全面综合分析和研究。水利项目的社会效益主要指：新增加和改善下游的农田灌溉面积、提高防洪能力、在枯水季节向下游补水、改善和提高上游的航运能力等，在这些社会效益中又会直接或间接产生经济效益。经济效益主要是指：项目电站发电收入、灌溉水费收入、库区水资源开发收入、旅游资源开发收入、生态养殖收入等。生态效益是指对库区动植物及微生物影响性。三者有着千丝万缕的联系，财政部门应作量化研究，评估项目将来对本地区社会经济发展的利弊，决定是否投资；利大于弊，项目可行。同时预测潜在的经济增长点和财政收入增长点，为本地区经济发展做出一个长远的规划。

概算编制工作，财政部门更要参与，从源头上知晓和把控投资额。要做到概算准确性，首先是对项目所在地的库区移民数量、搬迁实物量清点统计精确，精确测量淹没田土面积，从而按照国家政策标准准确计算出移民搬迁数量需要的投资。其次，是工程地质勘测和工程设计的精度和深度，只有这两项工作做到了深度和精度，才能准确测算出项目准确的工程量。最后，对项目所用材料和机械设备及人工的市场调查和预测，只有做全面仔细的市场调查，并结合国家宏观经济走向，预测材料、设备、人工市场行情及趋势，做出合理定价，编制概算。这样既保证工程投资的正常需求，预防项目超概算，又可避免项目资金缺口，保证工程按期完工，及时发挥效益。

二、重点监管工程计量和工程变更

从全国已发生的案例来看，工程项目出现违纪违法的腐败现象，主要是在工程计量和工程变更及材料设备采购环节。当监理不履行监督之职或业主人员想以权以职权谋私时，就会一起合谋帮施工方弄虚作假多计工程量和编造虚假的工程量变更，从而为施工方虚增工程款，达到谋取私利或收受贿赂之目的。因此，财政部门更要派懂工程技术人员和工程造价的专业人员在施工现场进行监督，监督工程计量，对施工方和监理提出的工程变更，要组织专家对原地质勘测和设计图纸进行会诊分析，找出要变更的原因，是施工现场地质勘测不全面不到位、地质结构比原来勘测到的要更复杂，从而增加了施工难度进而增加了工程量？还是设计深度不够，造成有漏项从而增加工程量？设计深度不够又是什么原因？是主观原因还是客观原因？进行一系列分析评估后，再决定是否要工程变更。这是预防突破工程概算和预防国有资产流失之关键。

三、切实监督合同履行

一般情况下，业主会在合同中约定：施工方要派多少专业人员、各种型号的施工机械设备到施工现场，以保证施工进度和工程质量之需要；

另外还会按已完工工程量的85%支付工程款，等等。但从以往的实践来看，施工方不会按合同约定，如数如质地派足相关的专业技术人员到施工现场，且人员变换较大，从而无法满足施工进度和质量保证之需要，造成工程进度缓慢。当当地政府和业主要求施工方加快工程进度时，施工方会向业主提出各种条件，比如超比例支付工程款、预借工程款、增加措施费、赶工费等，不一而足。因此，财政部门作为投资人和财务监管部门，要监督业主严格执行合同，按合同条款办事，以免给国家造成损失。

四、督促业主尽快推进完工项目工程款结算及审计工作

每个单项工程完工后，作为财政部门应督促业主加快工程验收结算工作，在工程未使用前，如果工程有质量缺陷，能分清业主和施工方的职责，及时采取补救措施。另外，工程完工后，施工人员和监理就会陆续撤离施工现场，所以必须趁各方人员未撤离施工现场、记忆清楚之时，及时完善各项签证手续，全面搜集归纳各类结算资料，形成详细、系统、齐全的结算档案资料。避免出现由于时间长、人员撤离所带来的被动局面，堵塞潜在的漏洞。同时可以避免有人钻空子，造成不必要的麻烦和损失。每个单项工程及时结算、资料完整、手续齐全、程度到位，为整个项目竣工验收决算提供条件。再者，财政部门在业主单项工程结算工作完成之后，及时组织专业人员对结算进行合法合规性审计，如果发现疑问，可及时找相关人员核实，如果发现有违纪甚至违法行为，可及时报告纪委、检察院进行查处，把问题扼杀在细小状态，避免问题在以后工程建设中蔓延和恶化，从而避免国有资产造成重大或巨大损失。

（永州市人民政府驻涔天河公司监事会原主席）

永州市中心城区工业财源建设调研

龚华汉

工业是经济发展的重要引擎，也是财税收入的主要来源。加快财源建设必须从工业入手已成为全市上下的一致共识。按照局机关“解放思想 实干兴永”大讨论活动的工作安排，今年5月，笔者对中心城区工业财源建设情况进行了深入调研，分析了财源建设存在的问题，提出了加快工业财源建设的思路和建议，供领导决策参考。

一、2016年中心城区财政收入完成情况

2016年，中心城区（市本级及零冷两区、经开区）完成财政收入66.2亿元，比上年增长14.8%，增幅高于“省直管县”平均水平0.9个百分点；占全市收入总量的44.1%，比上年提高0.2个百分点，但低于2014年0.6个百分点。其中：税收收入45.6亿元，比上年增长12%，低于“省直管县”平均增幅6.6个百分点；税收占财政收入比重69%，低于“省直管县”平均水平5.9个百分点。

二、中心城区工业财源现状

2016年，中心城区纳税过百万元的企业共333户，入库税收、教育费附加及地方教育附加（简称税收及附加）40.3亿元，占中心城区税收及附加总额（47.5亿元）的84.8%，占中心城区财政收入的60.9%。其中，纳税过亿元的行业6个。包括：（1）投资领域（包括政府投资、

房地产开发及建筑企业）。150 户企业入库收入 14.3 亿元，占财政收入的比重为 21.6%，是中心城区财政收入第一大来源。（2）工业。62 户企业入库收入 11.1 亿元，占比 16.7%，是中心城区财政收入第二大来源。（3）烟草商业。2 户企业入库收入 7.5 亿元，占比 11.3%。（4）金融业。50 户企业入库收入 3.6 亿元，占比 5.5%。（5）行政事业单位。19 户单位入库收入 1.9 亿元，占比 2.8%。（6）批发零售业。27 户企业入库收入 1.1 亿元，占比 1.7%。

中心城区工业财源的构成情况为：

（一）从行业分类看，主要涵盖 3 大行业，其中：

1. 制造业。入库税收及附加 10 亿元，占工业企业入库总额的 90.5%。包括：（1）汽车制造业 5.9 亿元，占比 53.4%；（2）烟草制品业 2.2 亿元，占比 19.4%；（3）医药制造业 3500 万元，占比 3.2%；（4）电子设备制造业 3220 万元，占比 2.9%；（5）军工企业 2560 万元，占比 2.3%；（6）食品制造业 1890 万元，占比 1.7%；（7）其他 8400 万元，占比 7.6%。

2. 电力热力燃气及水生产和供应业。入库税收及附加 1.1 亿元，占工业企业入库总额的 9.5%。

3. 采矿业。没有纳税过百万元的采矿企业。

（二）从企业纳税规模看，分档情况是：

1. 纳税过亿元的企业 2 户，入库税收及附加 7.1 亿元，占工业企业入库收入总额的 64.4%，其中，长丰集团 5.2 亿元，零陵烟厂 1.9 亿元；

2. 纳税 1 千万元至 1 亿元的企业 14 户，入库税收及附加 2.3 亿元，占比 20.5%；

3. 纳税 5 百万元至 1 千万元的企业 11 户，入库税收及附加 8200 万元，占比 7.5%；

4. 纳税 1 百万元至 5 百万元的企业 35 户，入库税收及附加 8400 万元，占比 7.6%。

（三）工业财源存在的主要特点

从中心城区工业财源现状分析，主要存在以下3个特点：

1. 工业税收体量较大。2016年，中心城区工业企业入库税收及附加11.1亿元，占财政收入的比重达到16.7%，比上年提高1.3个百分点，是中心城区稳定的财政收入来源。与其他行业横向比较，工业企业仅低于建设领域，高于其他各个行业。2016年，工业税收占中心城区财政收入的比重低于建筑领域4.9个百分点，高于烟草商业5.4个百分点，高于金融行业11.2个百分点。

2. 财税增收贡献度相对较高。2016年，工业税收比上年增加2.2亿元，增长25%，增收额占中心城区财政收入总增量的25.9%。与其他行业横向比较，同期投资领域税收比上年增加3.1亿元，增长27.9%，增收额超过工业9000万元，主要是2016年12月市城建投公司补交以前年度稽查欠税8650万元。剔除该因素后，投资领域对财税增收贡献度与工业大体相当。2016年，烟草商业税收增加额5900万元、增长8.6%，金融业税收增加额1100万元、增长3.1%，均远低于工业企业。

3. 长丰集团和零陵烟厂是工业财源的支撑。2016年，长丰集团和零陵烟厂入库税收及附加7.1亿元，占中心城区财政收入的10.8%，占中心城区工业企业入库收入的64.4%；比上年增加1.9亿元，增长37.7%，增收额占中心城区财政收入总增量的22.8%，占工业税收总增量的88.1%，是中心城区财税增收的主要来源。

三、中心城区工业财源存在的主要问题

（一）高度依赖少数企业，抗风险能力弱

湘江纸业异地搬迁后，“一包烟、一台车”构成中心城区骨干税源体系，长丰汽车、零陵烟厂成为工业税收的主要来源。由于两大骨干企业税收体量大，企业生产经营形势好，入库税收进度快，财政收入增幅相对偏高；一旦企业“咳嗽”，财政就会“感冒”，财政增收困难加大。

2016年，长丰汽车入库税收增加2亿元、增长64.2%，有力地促进了中心城区财税增收。2017年，长丰汽车产品转型，排量由2.0T降为1.5T，汽车售价降低近万元，适用消费税税率由5%下调为3%，入库税收继续保持较快增长存在不确定性。2017年1－4月，长丰集团入库国税收入1.2亿元，同比减少4300万元，下降26.9%。2016年，受湖南中烟工业公司生产计划调控影响，零陵烟厂入库地方收入减少了近1000万元。2017年，国家更加严格实施“控烟令”、大力压缩“三公经费”，预计零陵烟厂入库税收将进一步下滑。2017年，两大骨干企业入库税收形势不看好，中心城区工业税收增长压力加大。

（二）传统工业发展缓慢，财税贡献度不大

长丰汽车及零陵烟厂配套企业、军工、食品加工、电力、医药制造企业是中心城区的传统工业，受各方面原因影响，这些企业未能做大做强，对中心城区财税增收贡献度不大。2016年，50户传统工业企业入库税收及附加3.6亿元，占中心城区财政收入的5.5%，比上年仅增长1%。主要是湘江纸业搬迁后，入库税收减少2100万元；永州复烤厂异地新建，购进设备增值税抵扣额大，2016年入库税收减少1500万元。

（三）新兴工业来势看好，但税收规模不大

近年来，我市招商引资新办了一批电子设备制造企业。这些企业生产经营形势较好，入库税收快速增长，成为中心城区新的税收增长亮点。2016年，中心城区纳税过百万元的电子设备制造企业10户，入库税收3200万元，比上年增长2.4倍。其中，湖南弘电电子2016年入库税收超过1千万元，达到1230万元，比上年增加830万元，增长2.1倍。但从总体上看，电子设备制造业属新兴工业，尚处于成长初期，企业户数少、税收规模不大，需要进一步做强做大。

四、支持工业财源加快发展的建议

工业是我市经济的基础，工业财源是我市财政收入的重要来源。目

前，中心城区“顶天立地”的重点工业企业不多，大部分工业企业仍属“散、少、差”，税收贡献度不高，工业骨干财源的支撑作用远未发挥。工业财源的短板，也是今后财税增收的希望。建议从以下方面入手，加快推进中心城区工业财源发展。

（一）制定财源建设规划，统筹工业财源项目建设

按照我市“十三五”经济社会发展战略的整体部署，制定财源建设规划和扶持政策。选择产业聚集度高、发展前景广、税收贡献大的产业和项目作为财源建设的主攻方向，支持纳税大户加快发展，巩固和壮大骨干财源。财源建设要坚持两手抓，既要深入分析现有工业企业现状，因企制宜，逐个破解制约企业发展的瓶颈，支持现有企业尽快做大做强。同时，有针对性地开展招商引资，将适合在我市发展的企业引入各工业园区，通过政府扶持，促进企业尽快落地生根、成长壮大，成为我市工业经济新的增长点。

（二）整合生产要素，支持工业财源项目加快发展

工业财源建设要坚持“有所为、有所不为”的原则。要将税收贡献度、提供就业岗位、环境保护等指标作为评价财源项目优劣的重要标准，有选择性地支持工业财源项目发展。同时，试行财源建设项目申报制。由企业自主申报财源建设项目，经专家小组筛选后，纳入中心城区财源建设项目库。市及市辖区政府对入库项目在建设用地、向上跑项争资、融资贷款、财政补助、税费优惠等方面给予重点扶持。财源项目实施单位与政府签订以税收、就业为主要内容的目标责任书，明确绩效目标，定期开展绩效评价与考核，考核不达标的项目自动退出规划，取消相关优惠政策。

（三）完善投入保障机制，破解企业发展瓶颈

逐步加大财政投入力度。整合工业发展及开放型经济专项资金、农业发展资金等各类专项资金，建立产业发展基金。加大财政存量资金清理力度，将盘活的财政存量资金注入产业发展基金。同时，根据市区新增财力的一定比例，在年初预算中安排部分资金，不断充实产业发展基金，重点投放财源建设项目。改革资金投入方式，探索债权（股权）投资模式。按照财政投入资金占企业注册资本的比例，合理确定资金投入方式。根据绩效评价结果，确定财源项目实施单位回购债权（股权）价格，逐步形成“政府资金有偿投入-企业发展壮大-政府资金退出”的良性循环，实现财源建设资金滚动发展。引导金融信贷资金加大投放力度。逐步充实中小企业信用担保机构资金实力，增强担保能力，发挥担保资金杠杆作用，撬动银行信贷资金加大对中小企业投放力度；根据各金融机构信贷投放情况，调整政府财政资金、融资平台及市区预算单位资金账户开设银行和存款余额，通过“以存引贷”，鼓励银行增加信贷投入。加大向上争取资金力度。将财源建设项目优先纳入向上争资目库，加大项目包装力度，统一上报口径，有针对地开展向上汇报工作，努力争取上级资金扶持。完善招商引资优惠及奖励政策。修改完善现行招商引资优惠及奖励政策，将对企业的优惠及奖励政策与新增税收挂钩。新增税收未达到招商引资协议约定的，取消其享受优惠政策的资格；新增税收贡献突出的，加大优惠及奖励力度，真正发挥优惠及奖励政策的导向作用，促进企业发展、财政增收。

（永州市国库集中支付中心副主任）

宁远县“如何增加收入提高质量”专题调研报告

宁远县财政局

根据湘财办函〔2017〕13 号文件精神，我局组织相关业务股室成立专门调研队伍，对我县 2012—2017 年上半年财政经济运行进行了专题调研，并对我县重点企业进行了实地走访，现就调研情况汇报如下：

一、2012 年至 2017 年财政经济运行基本情况

（一）经济发展基本情况

宁远县近 5 年 GDP 数呈逐年增长的趋势，从 2012 年的 89. 84 亿元人民币，到 2016 年的 135. 97 亿元人民币，5 年时间里 GDP 增长了 50%，但年度增长率呈逐年下降趋势，从 2012 年的 12% 到 2016 年的 9. 5%，下降了 2. 5 个百分点。在 GDP 贡献占比中：其中第一产业增加值对 GDP 贡献占比，从 2012 年的 26% 到 2016 年的 21%，下降了 5 个百分点；第三产业增加值对 GDP 贡献占比，从 2012 年的 37% 到 2016 年的 47%，增加了 10 个百分点，第三产业增加值逐渐成为 GDP 的半壁江山，支撑全县的经济发展。近 5 年来，我县固定资产投资额从 2012 年的 77. 16 万元到 2016 年的 167. 53 万元，增长了 117%，预计 2017 年将达到 196. 01 亿元；商品房销售从 2012 年 4. 39 亿元，到 2016 年的 17. 74 亿元，增长了 300%，预计 2017 年将达到 20 亿元；社会消费品零售总额从 2012 年的 30 亿元，到 2016 年的 63. 34 亿元，增长了 104%，预计 2017 年将达到

70 亿元。总体分析，我县经济运行平稳，健康持续发展。

（二）财政收入基本情况：

近 5 年来，我县财政收入处于高速增长的状况，一般公共预算收入年平均增幅达到 21%，从 2012 年的 6.73 亿元到 2016 年的 13.75 亿元，5 年增长了 104%。其中：税收收入年平均增幅达到 24.23%，从 2012 年的 4.78 亿元到 2016 年 10.87 亿元，增长了 127%；地方收入年平均增幅达到 22%，从 2012 年的 5.14 亿元到 2016 年的 10.07 亿元，增长了 96%。总体上看，财政收入将继续保持增长态势。

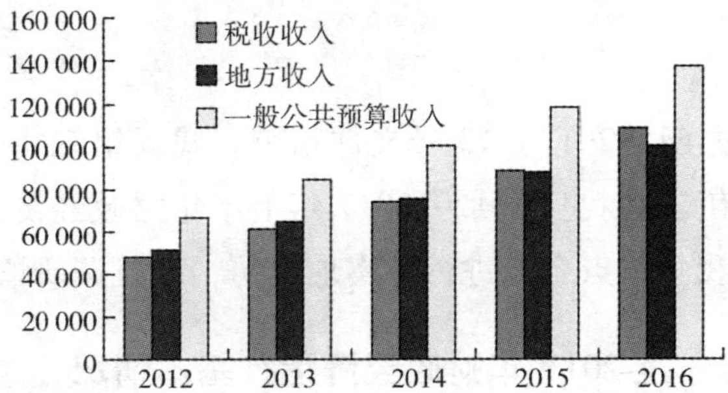

图 1　宁远县 2012—2016 年收入情况表

1. 税收收入情况

近 5 年来，我县税收收入处于高位增长的形态，年平均增长达到 24.23%。从税收收入分类增长情况看，其中：流转税年平均增长 19.38%，从 2012 年的 2.14 亿元到 2016 年的 4.52 亿元，增长了 111%；所得税年平均增长 20.73%，从 2012 年的 0.56 亿元到 2016 年的 1.33 亿元，增长了 137%；行为税年平均增长 40.84%，从 2012 年的 1.32 亿元到 2016 年的 3.98 亿元，增长了 200%；财产税年平均增长 38.19%，从 2012 年的 0.19 亿元到 2016 年的 0.42 亿元，增长了 124%；其他税收年平均增长 8.76%，从 2012 年的 0.56 亿元到 2016 年的 0.60 亿元，5 年增长了 7%。

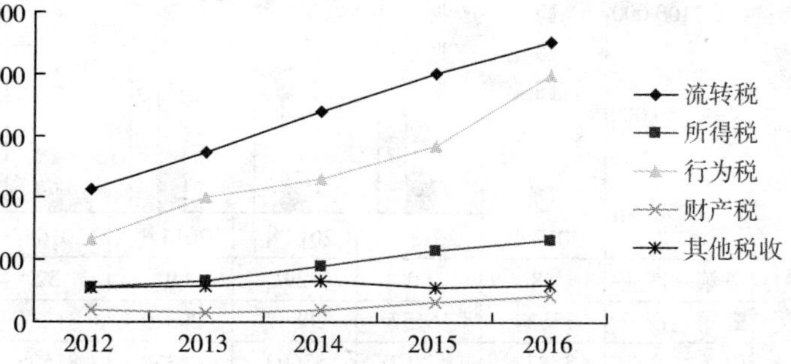

图2　宁远县2012—2016年税收收入情况图

表1　宁远县2012—2016年税收收入完成情况表

年度	2012年		2013年		2014年		2015年		2016年	
	规模	占比	规模	占比	规模	占比	规模	占比	规模	占比
流转税	21408	44.74%	27315	44.51%	33972	45.54%	40154	45.17%	45217	41.59%
所得税	5619	11.74%	6636.1	10.81%	8991.8	12.05%	11504	12.94%	13324	12.26%
行为税	13296	27.79%	19992	32.58%	23107	30.98%	28507	32.07%	39894	36.69%
财产税	1890	3.95%	1583.7	2.58%	2005.7	2.69%	3173.2	3.57%	4242.6	3.90%
其他税收	5636	11.78%	5836.7	9.51%	6519.7	8.74%	5559.6	6.25%	6047.8	5.56%

从税收收入按种类组成看，我县主要由流转税和行为税组成，其中：2016年流转税占税收收入的41.59%，行为税占税收收入36.69%，两类税共占全年税收收入的78.28%。

从税收收入按产业分布看，我县第一产业产生的税收每年为30、40万元左右，占全年的0.1%，税收收入主要为第二、第三产业产生，占全部税收的99.9%；第二产业税收从2012年1.38亿元，到2016年3.12亿元，增长了125%，每年平均占总税收收入的27.71%；第三产业税收从2012年3.58亿元，到2016年8.15亿元，增长了128%，每年平均占总税收收入的72.24%。

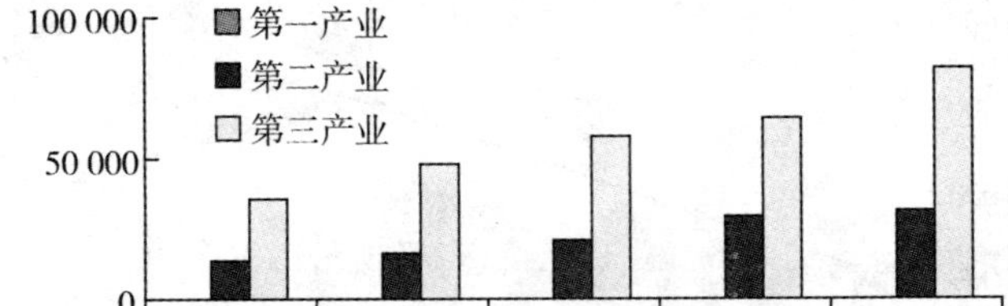

	2012年	2013年	2014年	2015年	2016年
第一产业	48	60	29	9	32
第二产业	13834	16157	20857	29329	31221
第三产业	35877	47863	57603	64357	81596

图3　宁远县2012—2016年税收收入分产业情况图

从税收收入按行业分布看，我县税收来源主要为“房地产”“建筑”“制造业”“公共管理社会保障和社会组织”四种行业。四种行业占税收总收入，从2012年的50.64%到2016年的67.93%，增长了17.29个百分点。

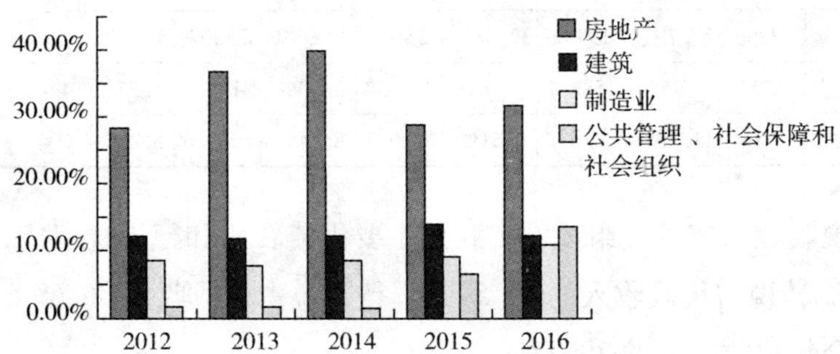

图4　宁远县2012—2016年重点行业税收占比图

2. 非税收入情况

我县非税收入严格按照非税征管条例进行征收，及时执行中央、省市对非税的减免及取消政策，做到了非税收入应收尽收、应免即免、及时核销要求，及时足额将非税收入缴入国库，为地方经济发展提供支持。近5年来，我县非税收入总量变动不大，非税收入占地方收入比重，随税收收入的增加而减少，从2012年的37.9%，到2016年的28.54%，占比下降9.36个百分点。

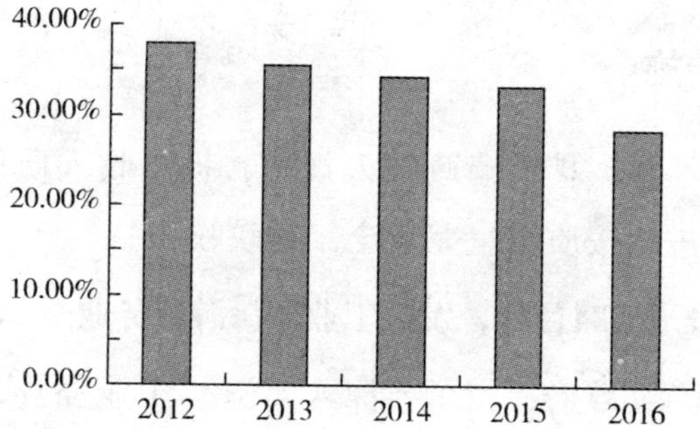

图 5　宁远县 2012—2016 年一般公共预算非税收入占地方财政收入图

二、存在的问题

从我县近 5 年经济及税收数据组成看，财政收入主要存在以下问题：

（一）工业落后，纳税大户少

我县是工业欠发达地区，近 5 年，我县第二产业税收年平均占总税收比为 27.7%，对全县税收收入贡献不大。在全县工业企业中，福嘉综环公司是我县的纳税大户，2016 年缴税达到 2959.29 万元，但由于产业落后，今年环保督查，停产整改，严重影响企业生产，影响税收缴入。

（二）税收来源不可持续

从我县税收收入分类看，我县行为税 5 年平均增长 40.84%，2016 年占税收收入的 36.69%，由于行为税为一次性税收，收完后将不可再产生税收，将影响我县税收可持续。

（三）依赖房地产、建筑行业，新兴产业少

我县税收收入组成中，房地产行业、建筑业占比比较大。在税收收入占比中：2014 年，房地产税收占 39.88%，建筑业占 12.16%，合计 52.04%；2016 年，房地产税收占比 31.56%，建筑业占 12.12%，合计 43.68%。房地产行业和建筑业税收收入受房产降温、饱和及投资减缓等因素影响大，对财政收入可持续带来不良影响。

三、主要措施

为发展我县经济，扩大财政收入规模，提高收入质量，我们提出以下措施，努力推进，按质按量完成全年财政收入。

（一）着力推进战略目标，发展工业、旅游服务业

今年，县委、县政府提出了要深入实施“工业强县、旅游兴县”的战略，出台招商引资管理办法，加快了我县5A景区建设及申报等，为我县引入优质企业，提升旅游环境奠定雄厚基石，为加快我县工业和旅游业发展、提升经济、提高财政收入注入新的动力。

（二）着力培植壮大财源，坚持转方式、调结构

充分发展财政政策和资金的导向作用，进一步加大招商引资力度，尽早引进一到两家环境友好型、可持续发展的优质企业，为财政收入可持续增长提供来源。科学运作1亿元的产业扶持基金，择优选择我县重大产业项目，加快推进产业整合和结构调整。

（三）着力加强收入征管，坚持税费联动，以证管费、以证管税

我县成立了房地产建设税费统征平台，在房地产建设中，将国土、规划、房产、国税、地税等部门统一纳入平台，统一审批，统一缴税缴费，统一发证。实行了一窗口四统一，集中办公，集中缴税缴费，解决了职能部门对税费的私自减免，减少了税费流失，为财政收入添砖加瓦。

（宁远县财政局）

永州市外贸企业发展状况的调查与思考

欧阳运瑞　李永华　李淑君

外贸是我市经济的一大短板。为了解全市外贸企业发展状况，我们会同市开放办等单位，对全市外贸企业发展情况进行了一次专题调研，并针对调研了解到的外贸企业发展遇到的问题进行了探讨和思考。

一、全市外贸企业发展基本情况

据了解，到2016年底全市共有外贸备案登记企业530家。据海关统计，2016年全市外贸进出口累计总值10.22亿美元，增长16.56%，其中，出口总额8.9亿美元，同比增长18.6%，进口总额13233万美元，同比增长4.6%。我市进出口总量排名全省第八，增幅全省第四；全市有进出口实绩的企业126家，较去年同期增加30家，破零企业50家。

预计2017年全市贸易额总和完成11亿美元。预计进出口达5000万美元以上的龙头企业6家，分别是：凯盛鞋业、华荣鞋业、湘威运动、科力尔电机、传佳音电子、瑶风源，1000万美元以上的重点企业13家，分别有：卓业电子、展承文化、果秀食品、宝达食品、东恒纺织、百斯特服饰、建溢鞋业、鸿福华发园、日日兴生物、邦特尔、福嘉综环、承阳针织、希尔药业。通过调研了解，当前全市外贸企业发展主要有三个特点：

一是三大主导产业保持稳定。轻纺制鞋、机电产品以及农产品是我市外贸传统产业，2016年继续发挥主导作用。其中，机电产品和农产品发展态势较好，全年保持较高速增长。机电产品进出口总额 32290 万美元，同比增长 9.81%，自营进出口农产品 11570 万美元，同比增长 9.24%。轻纺制鞋受国际环境影响，较大幅度下滑，其中，纺织纱线进出口 2745 万美元，同比下降 6.13%，鞋类产品贸易总额 16664 万美元，同比下降 33.02%，服装出口增长 60.8%。

二是贸易方式良性发展。一般贸易增长较快，加工贸易低速增长。2016 年全市一般贸易额 52337 万美元，同比增长 35.3%；加工贸易额 37674 万美元，同比增长 6.74%；其他贸易 12219 万美元，同比下降 10.2%。三大贸易方式分别占全市贸易份额的 51.2%、36.85%、11.95%。

三是贸易伙伴相对多元。东盟、亚洲市场增长明显，欧美市场较稳定，美国、中国香港仍为我市前两位贸易伙伴。2016 年全市对东盟进出口额 19479 万美元，同比增长 38.3%，对欧盟进出口总额 11743 万美元，同比增长 3%，对北美进出口总额 23391 万美元，同比增长 5.7%。对美贸易额 22180 万美元，同比增长 4%，对港贸易额 14515 万美元，同比增长 3.3%。

二、全市外贸企业发展存在的困难和问题

从调研情况来看，企业存在的困难和问题主要集中在用工、融资、物流、退税、结汇等问题上，报关、报检、外贸流程等方面的问题已经比过去有较大改善。

（一）退税问题

调研企业中共有 12 家企业反映退税的问题。主要反映在：一是去年年末国税系统与海关电子口岸系统衔接出现问题，部分企业的关单信息未能及时进入税务系统及时退税。二是退税周期长。特别是破零企业第一次退税，个别县区接触出口退税业务时间短，业务不熟练，有怕担责的思想包袱，影响了出口退税进度。三是熟悉退税业务的会计严重缺乏。据了解，每个县区都缺乏熟悉外贸退税的专业会计，专业会计由于待遇

不高，人才流失也很严重。四是我市有一批新企业，在珠三角或港澳地区有母公司，因国外客户原因，出现了第三方收款的问题，需要外汇管理部门出具证明资料，国税部门才能给予退税。

（二）融资问题

调研企业中共有 21 家企业反映融资难的问题，金桥冶炼、湘楚实业、东骏纺织、旺龙机械、富福服饰、美星光电、富康源电子等企业存在不同程度的资金短缺、融资不足的问题。因此不少外贸企业只好通过代理公司预付货款，将大部分产品交由代理公司出口，让代理公司赚取高额利润；或者由于流动资金紧张，国外的一些大订单不敢接，生产规模不敢扩大。2016 年 8 月省商务厅、省财政厅与相关金融机构合作，出台了无抵押担保融资的政策，但我市实际获得融资授信的企业仅祁阳轻风包装公司 1 家，与其他市州贷款情况相比，存在较大差距。究其原因：一是企业对具体操作流程不了解，地方金融机构没有发挥应有的政策宣传作用；二是融资周期长，从接单到生产到放款时间较长，仍不能满足企业资金周转的需求；三是融资方式有限，缺乏灵活性和多样性。

（三）物流问题

调研企业中共有 11 家企业反映物流成本过高的问题。包括凯盛、卓业、都成等重点外贸企业对物流需求存在较大的困难。主要原因：一是我市地理区位优势不明显，交通不便利；二是我市没有保税仓等海关监管区，受总部经济效应，一些企业通过深圳总公司出口，业绩不体现在我市；三是货柜物流成本增加，包括高速公路超载相关的政策和收费提高，罐头等企业的标准集装箱因超重走不了高速公路，铁海联运还不太顺畅，物流时间较长，不能满足企业需求；四是我市没有一家大型综合物流公司，信息和资源得不到有效整合，造成空车率、拖柜等费用较高。五是海关监管场所缺失，没有停车查验场所。如美源达玩具，因货值低，产品容量大，集装箱运量大，每次到海关报关报检时，由于没有监管查验场所，装载车停在公路边上，经常被交警城管赶着绕圈圈，企业意见较大。

（四）用工问题

调研企业中共有41家企业反映用工难的问题，这与我市目前的外贸产业结构密切相关。我市外贸主导产业集中在轻纺制鞋、电子信息、农产品加工等劳动密集型产业，用工需求大。我市凯盛、科力尔、华荣、果秀、宝达、建溢、卓业、承阳、福嘉等一批重点外贸企业均存在较突出的用工困难问题。主要表现在：一是企业工人工资和员工福利增加，导致企业用工成本飙升；二是离职率较高，留不住人才；三是园区交通或生活不便利，公交等基本保障要素不配套，工人不愿意来；四是企业“五险一金”负担较重。省人社厅相关文件以湖南省上年度全省平均工资的60%作为缴费基数计算养老保险等社会保险缴费金额。2016年我省平均工资为4491元，则2016年我市企业为每位员工每月缴纳的养老、医疗等社会保险费约为600元，占员工基本薪资（以最低工资标准为例，下同）的68%；员工个人每月需缴纳240元，占基本薪资的27.5%。凯盛近两年由于员工不愿意缴纳该部分社保，造成员工流失、开工不足。

（五）配额与海关统计口径问题

按照规定，大米、生猪、白银、稀土等需要向相关部门进行申报配额，我市相关企业在这方面开展工作的阻力较大。如福嘉有色的白银加工贸易，今年预计生产白银260吨，进出口额达9亿元人民币，连续两年都不能从省商务厅申请到白银加工贸易配额，但郴州的同类企业却能申请到配额。因为没有配额，永州天顺畜牧每年3万头生猪只能通过河南五丰代理出口到香港，造成出口业绩流失。随着贸易方式的多样化，海关统计口径问题日益凸显。由于我市制鞋、植物提取物的货品的特性，虽然都是永州公司的出口代码，但都需要进行一些加工贸易深加工结转和到沿海保税仓进行拼柜再进行出口。据永州海关统计，2016年我市通过到沿海保税仓拼柜和加工贸易深加工结转的金额达1.55亿美元，这些数据因为海关统计口径的问题，都不能体现在永州。

三、促进全市外贸企业发展的对策思考

（一）大力推行破零倍增激励政策

加强外经外贸外资的三外联动，紧盯招商引资等外向度较高的投产企业，引导有意向的内贸企业，积极开展外贸进出口业务，推动走出去企业带动外贸出口，实现破零，不断壮大外贸主体。鼓励和引导现有外贸企业，尤其是重点企业，不断开拓国际市场，稳步扩大市场份额，实现倍增，做大外贸总量。对破零倍增企业按进出口实绩每 1 美元给予不超过 2 分人民币的奖补，激励外贸企业做强做大。

（二）努力提高服务外贸企业质量

建立联席会议制度，不定期召开相关会议，组织市直相关部门及时解决企业面临的困难和问题。开展外贸业务集中培训。由相关部门宣传和解读最新的外贸政策，组织外贸出口退税专业会计等培训。加强园区外贸服务中心的建设。2017 年我市将新增宁远、江华两个园区外贸服务中心，加强对祁阳、经开区、宁远、江华四个中心的指导，提高服务外贸企业质量，确保已有外贸经营主体不减少和已有外贸业绩不流失。相关监管部门保持良好沟通和协作，营造良好的外贸发展环境。

（三）聚力争取财政金融政策支持

深入推进供给侧结构性改革，认真落实《湖南省中小微外贸企业出口融资无抵押式担保 + 银行优惠贷款暂行办法》，积极促进金融兴贸，大力扶持中小微外贸企业快速健康发展，有效解决中小微外贸企业融资难、融资贵问题。认真执行永州市人民政府办公室《关于促进外贸稳定增长的若干意见》，加大财政投入力度，市财政设立外贸发展专项资金，用于鼓励扩大出口，引导和扶持进出口企业加快转型升级，加快产业集聚，加强公共服务平台建设。积极争取上级财政外经贸发展专项资金支持，助力全市外贸保目标促发展。

（四）尽力沟通协调顺畅外贸通道

积极协调海关等部门改变统计口径，力争将产自我市的出口产品是

本地企业在国内销售、外省企业实现出口的外贸数据计算在永州。积极协调国税部门，认真落实国家出口退税政策，进一步优化退税服务，加快退税进度，对出口企业申报的符合规定的退（免）税，主管税务机关应在20个工作日内办结相关手续。对不符合规定的，应将具体内容及处理意见一次性书面告知出口企业。协调人社部门，积极向省人社厅反映社保缴费基数过高问题，争取与周边广东省缴费基数保持一致，推动我市务工人员回流就业。努力向省商务厅争取生猪、白银等出口品种配额，享受兄弟市州同等待遇。深入推进互联网+，鼓励支持永州外贸进出口企业，积极开展跨境电商交易业务。

（五）全力强化制度保障

充分发挥考核指挥棒作用，继续实行每月一调度一通报、一季一约谈，全年外贸考核一票否决制度，确保外贸进出口持续稳健增长。要以我市“园区升级”战役为契机，认真贯彻执行《国务院关于扩大对外开放积极利用外资若干措施的通知》和《中共湖南省委关于大力实施创新引领开放崛起战略的若干意见》以及永州市委市政府《关于实施开放崛起战略建设开放强市的实施意见》及其配套政策文件，解放思想，实干兴永，奋力实现创新开放新高地、品质活力新永州工作目标。

（永州市财政局对外经济贸易科）

永州市财政收入结构分析

邓　祁

自2012年以来，我市财政收入步入快速增长时期，总量稳步扩张，增速全省排名由原来的“八九不离十”进入“前三甲”，但收入持续快速增长的基础还不牢固，地方收入增长滞后于财政总收入增长。

一、全市财政收入总体情况

近五年来，全市各级财政部门大力培育财源，构建综合治税体系，强化收入征管，促进了全市财政收入稳步增长。2012年至2016年，全市收入分别完成86亿元、100亿元、113亿元、131亿元和150亿元。2017年1—9月，全市收入完成127亿元，占年初预期（168亿元）的75.8%；同比增长19.3%，增幅超过全省平均水平11.7个百分点，排名全省第3位。收入质量逐步提高，实现了收入总量、增量、质量“三量齐升”。全市收入保持稳中求进、稳中向好的态势，呈现以下特征：

（一）收入总量稳步扩张

我市财政收入从2012年的80余亿元起步，2013年突破100亿元大关，跻身全省“百亿俱乐部”，2014年提前一年完成“十二五”规划目标（108亿元），2015年排名全省第8位，成为全省收入第二方阵“领头羊”，2016年迈上150亿元台阶，与第一方阵的湘潭市的差距缩小到36亿元。2016年，我市收入占全省比重为3.53%，比2012年提高0.6个百分点。2017年9月末，我市收入占全省比重为3.77%，比上年同期提高0.37个百分点。

（二）收入增长高于预期

2015年，全市财政收入比2012年增加45亿元，年均增长16.8%，高于“十二五”财政收入规划目标（15%）1.8个百分点。2016年，我市月度收入增幅连续10个月排名全省首位，全年收入增幅达到14.3%，高于“十三五”财政收入规划目标（12%）2.3个百分点。2017年前三个季度，我市收入增幅继续保持全省前列。

（三）收入质量稳步改善

2016年，我市税收收入完成108.3亿元，占财政总收入的72.3%，比2012年提高2.7个百分点；地方税收完成61亿元，占地方收入的59.5%，比2012年提高3.8个百分点。2017年9月末，我市财政总收入中税收占比、地方收入中税收占比分别为71.5%和57.3%，比上年同期提高3.6个和4.8个百分点，排名全省第8名和第5名。

（四）市县收入同步发展

2016年，县区收入完成115亿元，比2012年增加54亿元，年均增长18.3%。其中，祁阳县迈上15亿元台阶，冷水滩区接近15亿元，零陵区、宁远县、道县、江华县4个县区收入超过10亿元。市本级收入完成35亿元，比2012年增加10亿元，年均增长11%。2017年前三个季度，县区收入完成101.6亿元、增长21.7%，其中，冷水滩区、江永县、东安收入增幅超过25%。市本级完成25.8亿元、增长10.7%，市县两级收入增幅均超过市委经济工作会议确定的收入增长预期。

二、全市财政收入结构分析

（一）收入结构特点

2012年以来，我市财政收入结构总体呈现“四个三七开”和“一升三降”的特点。

一是非税收入与税收收入“三七开”，税收占比提升。2016年全市税收收入完成108.3亿元，占总收入的72.3%，比2012年提高2.7个百分点。2017年9月末，全市税收收入完成91亿元，占总收入的71.5%，比上年同期提高3.6个百分点。

二是上划收入（上划中央、省级收入）与地方收入“三七开”，地方收入占比下降。2016年全市地方收入完成102.5亿元，占总收入的68.4%，比2012年下降0.2个百分点。2017年9月末，全市地方收入完成85.2亿元，占总收入的66.9%，比上年同期下降2.8个百分点，主要是2016年5月全面推开“营改增”改革后，中央、省财政调整了相关税收分享比例，地方分成部分进一步减少。

三是市级收入（含经开区）与县区收入“三七开”，市级收入占比下降。2016年市级收入完成37.5亿元，占全市收入的25%，比2012年下降4.5个百分点。2017年9月末，市级收入完成28亿元，占全市收入的22%。

四是中小税收与主体税收“三七开”，主体税收占比下降。2016年增值税（含营业税）、消费税和所得税合计完成70.3亿元，占税收总额的64.9%，比2012年下降5.4个百分点。2017年9月末，主体税收完成59.7亿元，占税收总额的65.6%，与上年末基本持平。

（二）税收结构分析

1. 税收产业结构

2016年，我市一产业、二产业、三产业分别实现税收0.1亿、42.9亿元、65.3亿元，分别占全市税收总额的0.1%、39.6%、60.3%。与2012年比较，一产业、二产业税收占比分别下降0.1个和1.4个百分点，三产业税收占比提高1.5个百分点，与我市地区生产总值产业结构调整趋势保持正相关（我市地区生产总值产业结构由2012年的23∶38.8∶38.2调整为2016年的20.9∶34.8∶44.3）。

2. 税收行业结构

房地产业、建筑业、制造业、批发与零售业、金融业是我市税收的主要来源。2016年，上述五个行业合计入库税收83亿元，占税收总额的76.7%，比2012年下降3.1个百分点。其中：（1）房地产业22亿元，占税收总额的20.3%，比2012年下降4.1个百分点。（2）建筑业19.4亿元，占比17.9%，比2012年增加5.4个百分点。（3）制造业16.3亿元，占比15.1%，比2012年下降3.9个百分点。（4）批发与零售业14.9亿元，占比13.8%，比2012年下降3.6个百分点。（5）金融业10.4亿元，占比9.6%，比2012年增加2.9个百分点。从上述数据看，我市房地产和建筑业入库税收绝对额大、占比高，税收增长依靠投资拉动的特征十分明显；制造业税收占比下降，我市承接产业转移、招商引资的成效未有效体现到财税增收上来。

3. 重点税源结构

2016年，全市纳税过百万元的企业908家，入库税收90.7亿元，占税收总额的83.7%，比2012年提高24.9个百分点。其中：（1）纳税过亿元的企业8家，入库税收21.9亿元，占税收总额的比重为20.2%，比2012年提高5.6个百分点。其中，市烟草公司入库7.3亿元，长丰集团入库5.2亿元，零陵烟厂入库1.9亿元。（2）纳税一千万至一亿元的企业160家，入库税收45.3亿元，占税收总额的比重为41.8%，比2012年提高21.8个百分点。（3）纳税一百万至一千万元的企业740家，入库税收23.5亿元，占税收总额的比重为21.7%，比2012年下降2.4个百分点。

4. 税收种类结构

增值税（含营业税）、消费税、所得税和土地相关税收是我市税收收入的主要支撑。2016年，上述税种共入库99.1亿元，占税收总额的91.5%，比2012年提高2个百分点。其中：（1）增值税（含营业税）完成43.9亿元，占税收总额的40.5%，比2012年降低6.8个百分点。（2）消费税完成6.9亿元，占税收总额的6.4%，比2012年提高0.5个百分点。（3）所得税完成19.5亿元，占税收总额的18%，比2012年提高1个百分点。（4）城镇土地使用税、土地增值税、契税和耕地占用税等与土地相关税收合计完成28.8亿元，占税收总额的26.6%，比2012

年提高7.3个百分点。

三、我市财政收入存在的主要问题

（一）主体税种支撑作用逐步弱化

2016年，全市增值税（含营业税）、消费税和企业所得税等主体税种合计入库65.5亿元，占财政总收入的43.7%，比2012年下降0.5个百分点；占税收总额的60.5%，比2012年下降2.9个百分点。2012—2016年，上述主体税种的年均增幅为14.4%，低于财政总收入年均增幅0.3个百分点。2017年9月末，全市上述主体税种合计入库54.7亿元，分别占财政总收入和税收总额的42.9%和60.1%，主体税种的支撑作用逐步弱化。

（二）实体经济税收贡献度不高

据统计，2016年我市第二产业缴纳税收42.9亿元，占全市第二产业增加值的7.87%，比2012年提高1.84个百分点；占全市税收总额的39.6%，比2012年下降1.4个百分点。2017年9月末，全市第二产业缴纳税收28.8亿元，占第二产业增加值的7.56%，占税收总额的31.6%。

（三）财源结构单一，发展后劲不足

2016年，全市纳税过百万的908户企业（单位）中，46家政府性投资单位缴纳税收17.9亿元，占纳税总额的19.7%；147户工业企业缴纳税收17.8亿元，占比为19.6%；11户烟草商业企业缴纳税收11.9亿元，占比为13.2%；193家房地产企业缴纳税收11.6亿元，占比为12.8%；127户金融单位缴纳税收9.6亿元，占比为10.6%；158家建筑业企业缴纳税收7.1亿元，占比为7.8%。从上述重点税源情况来看，政府性投资已成为我市税收的重要来源，财政收入对房地产、建筑业的依赖度较高，新的财源税源增长点还没有壮大。

（四）土地相关税收增长空间有限

自2012年以来，我市与土地相关的税收增长较快。2012—2016年，

城镇土地使用税、土地增值税、契税和耕地占用税等与土地相关税收年均增幅为25.5%，高于同期财政总收入增幅10.8个百分点。2016年土地相关税收占税收总额比重为26.6%，高于全国平均水平6.8个百分点，比2012年提高7.3个百分点。我市土地相关税收继续保持高速增长的空间有限。

四、支持我市财源大发展的措施及建议

（一）整合财政资金，建立产业发展基金

全面整合市级经济发展类专项资金，新设“永州市本级产业发展基金”，重点培育符合我市产业发展方向、对我市经济发展具有重要支撑作用的战略性新兴产业，加快构筑具有永州特色优势、与创新崛起开放引领发展战略相适应的现代产业体系。每年根据市委、市政府关于产业发展的战略要求和工作重点对基金的使用方向和支持重点进行优化调整，优先保障事关全局的重点产业和重点项目。

二是立足财税增收，建立财源企业库。围绕经济增长、企业增效、财政增收，加强与经信委、金融办等经济管理部门的协作，精选200—300家产业特色鲜明、市场前景良好、竞争能力强、财税贡献潜力大的中小微企业建立市级财源企业库，在建设用地、企业用工、跑项争资、融资贷款、财税优惠等方面给予重点倾斜，支持企业做大做强，加快形成“大企业顶天立地、中小微企业铺天盖地”的财源格局。

三是着眼扩大信贷，建立财银互动机制。进一步修改完善金融机构支持地方经济发展考核奖励办法，加快出台《永州市本级政府性资金存放银行业金融机构评价分配暂行办法》，对新增贷款多、信贷结构合理、与融资担保公司配合好的金融机构加大奖励力度，调整增加政府性资金存款，引导金融机构活水加快流向实体经济。通过市融资担保公司对财源企业进行贷款担保和融资增信，安排专门资金对金融机构投入财源企业的贷款给予贴息，促进金融机构“放心贷”。

四是凝聚工作合力，建立企业帮扶新机制。借鉴精准扶贫的成功经

验，建立健全市直部门（单位）与财源企业结对帮扶机制，组建企业帮扶小组，深入企业帮助解决实际困难，促进企业发展。制定财源企业帮扶绩效考核办法，将帮扶企业入库税收作为绩效评价的重要指标，按企业年度新增税收市级分成部分的10%奖励帮扶部门（单位），充分调动市直部门（单位）支持财源建设的积极性和主动性，形成齐抓共管的良好氛围。

（永州市财政局国库科主任科员）

运用农业保险资金
保障我市农业稳步发展

——永州市农业保险情况调研

张　群

农业保险作为“三农”的重要扶持政策，事关农业生产、粮食安全和社会稳定，开展农业保险工作不仅仅是经济问题，更是重要的政治问题和重大的社会问题。为此，我对全市农业保险工作开展情况、成效及存在的问题进行了调研，并提出了相关建议。

一、基本情况

2016 年，全市农业保险签单保费收入共计 26701.69 万元，其中：中央财政补贴资金 9123.98 万元，省级财政补贴 7345.4 万元，市财政补贴 76.03 万元，县级财政补贴 2118.25 万元，农户缴纳 7242.54 元。全年灾害总赔款为 16241 万元，总赔付率为 60.82%。各保险险种的承保面积分别为：水稻 490.52 万亩、棉花 0.57 万亩、油菜 45.08 万亩、玉米 36.04 万亩、甘蔗 0.48 万亩、能繁母猪 24.63 万头、育肥猪 232.42 万头、公益林 787.16 万亩、商品林 215.74 万亩、烟叶 24.86 万亩、肉鸭 845.04 万只、肉鸡 1314.01 万只、肉鹅 109.9 万只、能繁母牛 58131 头、柑橘 54.89 万亩、葡萄 5.42 万亩、茶叶 5.99 万亩、杂交水稻制种实 2.64 万亩。

二、作用及成效

（一）减轻农民因灾损失，缓解财政救灾压力

永州自然灾害多发，灾害种类多，发生频率高，分布地域广，经济损失大。因此，永州市在多措并举增强农业抗灾能力的同时，充分利用农业保险建立自然灾害的风险防范和分散机制，努力减少农民因灾损失。2016 年全市共向农民收取保费 7242.55 万元，赔付 16241 万元。整体而言，农民的获赔收益大于保费支出，消化了灾害损失，分散了生产风险，保证了农户收益，在减少农民因灾致贫、因灾返贫现象上取得了巨大成效。此外，我市从 2007 年开办试点至今，已在全市 11 个县区、203 个乡镇开办了政策性农业保险。农业生产遭到一般的灾害损失，由保险机构进行赔付；发生特大灾害，政府再发放救济款进行补贴，有效减轻了财政支出的负担。十年来，全市获得中央和省财政农业保险补贴资金 9.15 亿元。同期，由于遭受暴雨、洪涝、干旱、病虫、冰冻、疫病等灾害损失，全市累计支付赔款 8.3 亿元，近百万户农民受益。农业保险为保险公司创造了新的发展机遇，也成了保险公司发展的“助推器”。

（二）完善支农金融体系，积聚农村发展资金

建立社会主义新农村，需要有大量的资金做后盾，建立和完善涵盖农村信贷机构、农业保险机构、农村投资机构的农村金融服务体系至关重要。农业保险是农村信贷和农村投资的“稳定器”和“助推器”，可以有效缓解和避免自然灾害造成农民无力偿还贷款，引发农业信贷资金拖欠、沉淀的问题，为农业信贷资金收回提供了有力保障，提振了农业银行和信用社发放农业信贷资金的信心。同时，大力发展农业保险能将分散的、零星的保险费汇集成巨额的保险基金。农业保险经办机构可把其中的部分资金用于农村地区的投资，服务农村经济的发展。

（三）保障现代农业发展，促进“三农”工作推进

农业保险不是单纯的商业性险种，而是国家强农惠农政策的重要抓

手，是确保广大农民的切身利益和国家“三农”工作落实的有力举措。党的十八届三中全会以及今年中央经济工作会议和中央农村工作会议都对“三农”工作给予高度重视，并将粮食安全放在经济工作的首要位置，把农业现代化放在“四化同步”的基础位置，对农业保险支持服务三农发展提出了更高的要求，今年中央一号文件首次用单独一条的篇幅部署农业保险工作，为农业保险业务发展提供了广阔舞台。农业是永州的优势产业，有着广阔的农村腹地，当前我市正积极推进农业结构战略性调整，力争2019年，全市建成500万亩优质稻、500万亩油茶、300万亩无公害蔬菜、200万亩水果、30万亩优质烤烟、200万亩工业原料林、1800万头生猪、100万头肉牛等规模农业基地。在此过程中，农业生产任何一个环节都有可能出现不可预料的风险，而每一个环节的风险都有可能给农业生产带来不可估量的损失，进一步完善农业保险，特别是建立健全全程全域的农业生产风险转移机制对推动全市农业规模化生产、产业化经营尤为重要。

三、主要做法

（一）加强领导，统筹农业保险工作

全市各级各有关部门切实把推进农业保险工作作为一项重要民生工程，抓紧抓严，落实落地。市县政府均成立了农业保险工作领导小组，加强统一领导，并明确工作责任，明晰工作任务，统筹推进全市农业保险工作。其中宣传部门加大了对《农业保险条例》的宣传力度，通过各种方式广泛宣传农业保险工作的重要意义和政策内容，增强广大农民群众的保险意识、风险防范意识，引导农民积极主动地参加农业保险。财政部门认真做好了农业保险的组织、指导、协调和监督工作，加大对农业保险工作的检查、审核力度。农业、林业、畜牧部门负责提供相关承保基础信息，同时协同做好了农业保险灾害鉴定和查勘定损工作。烟草部门及时足额支付补助资金，不断完善了烟叶生产基础设施建设，协助承保公司做好了宣传发动工作，为烟叶承保、查勘、定损提供技术支持

和专业指导。水利、气象部门及时分析天气形势，预报可能出现的农业灾情，及早防范、减少农业损失。在灾后及时提供气象灾害证明资料，以便后续理赔服务及时跟进。农业保险承办公司从落实支农惠农富农政策的全局出发，认真做好了农业保险各项服务工作，尤其认真做好了理赔服务工作，真正让广大受灾农户感受到党和政府的关怀。

（二）强化管控，规范农业保险行为

一是努力加强农业保险合规管理。一方面，规范保险从业人员行为，承保机构加强了保险从业人员的依法合规教育，加强了职业道德和业务技能的培训，提升了保险从业人员队伍整体素质。特别加强了对乡镇农业保险专（兼）干和村级协保员的培训，规范其投保、查勘定损、理赔等行为，维护保险业良好形象。另一方面，各级政府和相关部门特别是乡镇政府，为保险主体创造一个合规经营的环境，支持保险主体依法合规开展业务。二是加强补贴资金的筹集与管理。市县财政部门加强了保费补贴资金的筹集与管理，规范运作，严禁挤占挪用。保险承办机构严格保单管理、财务管理和理赔管理，规范业务流程。实施“五公开”（惠民政策公开、承保情况公开、理赔结果公开、服务标准公开、监管要求公开）、“三到户”（承保到户、定损到户、理赔到户）等制度，不断提高了农业保险工作的公开性和透明性。三是提高查勘理赔服务质量。保险项目受灾后，承保机构及时组织业务人员，第一时间赶赴受灾现场，立即进行查勘和定损，简化理赔程序，快速进行赔付，保证了受灾农户尽快拿到赔款，最大限度地支持群众尽快恢复生产和生活秩序。保险理赔结果及时向参保农户公布，公开理赔明细，提高农业保险的透明度，严禁暗箱操作，杜绝惜赔、少赔和拖赔等行为。

四、存在的主要问题

（一）供给方面：农保制度欠佳，体系有待完善

一是险种覆盖面不全。我市属农业大市，目前，能够开展的农业保险品种只有水稻、棉花、油菜、玉米、甘蔗、能繁母猪、育肥猪和公益林、商品林及烟叶、肉鸭、肉鸡和肉鹅等18个险种，部分规模较大的种养殖业品种没有纳入保险范围。其中，油茶、香菇及养鱼等产业发展迅速，种植面积5年内可达到2000多万亩，将成为我市农民增收的重要途径，但限于政策规定却无法参保，群众对此呼声较高。二是保险规模偏小。自从长株潭地区养猪退出、湘江流域退养以来，永州已成为“资本养猪”的理想场所，吸引了多个养猪资本的青睐，温氏、正大、新五丰等企业纷纷抢滩在永州投入巨资，促进我市近年生猪产业高速发展。仅就温氏集团而言，2014年温氏与市政府签订“战略合作框架协议”，在我市9个县区发展现代养猪，总投资45亿，预计5年内新增生猪产能达500万头，而目前我市能繁母猪和育肥猪养殖保险的保障额度不足200万头，缺口巨大，无法全面为养殖户提供风险保障。三是部分保险品种的费率偏低。如我市的烟叶种植保险自2014年开设以来，自然灾害频发，2014年至2016年每年超赔1000多万元，今年我市又遇上了特大暴雨洪涝灾害，烟叶受损严重，预计今年也要超赔1000多万元。

（二）需求方面：参保意愿不强，农保需求偏低

一是宣传发动不够到位。部分乡镇、村对这项工作还没有引起足够重视，政策宣传、动员力度不够，造成投保面较小。二是农户参保意识不强。农户对政策性农业保险认识不足，部分县区最近几年没有发生较大的自然灾害，对农业造成的影响和损失不多，不足以引起农户们的高度重视，因此心存侥幸心理而不愿投保。三是农户收入普遍不高。我市是湖南省典型的“少、边、穷”地区，贫困人口较多，虽然各级财政对政策性农业保险的保费都安排了一定比例的补贴，但对于一些收入不高的农户来说，自负部分保费依然过高，有些难以承受。四是地方财力有限。我市属“吃饭型”财政，可用财力十分有限，若县区开展特色农产品自行保险，农户需自行缴纳保费至少要超过50%，而种养殖业投入大、成本高、风险大，尤其在市场行情较差的情况下，种养户更不愿意购买保险。从今年我市开展特色农产品自行保险情况看，效果并不理想。

（三）理赔方面：多种因素制约，理赔工作困难

一是责任划分难确定。政策性农业保险标的主要是农作物和牲畜产品，具有不匀称性特征，一旦发生保险事故，保险责任的划分相当困难。二是道德风险难防范。农业生产风险具有不可预料性和突发性，保险标的的状态受被保险人的行为影响很大，农业损失中的主观道德因素难以分辨。三是专业人才难培养。从事政策性农业保险工作既要懂保险的业务知识，又要懂农业生产的相关知识，对工作人员素质要求较高。四是理赔成本难控制，我市大部分县区属山区，交通不便，承保、查勘定损工作量大、成本很难准确估算。

五、建议

（一）扩大保险险种，增加保费规模

从农业生产实际出发，根据地区保险需求，将我市的支柱特色农业产业，如油茶、养鱼、蔬菜等产业纳入政策性农业保险。同时，逐年提高能繁母猪和育肥猪保险财政补贴规模。建议省在财政保费补贴资金分配上向起步晚、需求大的育肥猪等保险倾斜，至少必须确保当地单季育肥猪保险需求，并在此基础上逐步满足农户的续保需求增加。

（二）加大扶持力度，提高参保意愿

按照中央要求，坚持“多予、少取、放活”方针，在财政扶持、融资贷款、勘探理赔等方面出台更多对参保者的优惠、优先的扶持政策措施，如积极争取上级的资金扶持、加大各项支农资金的整合力度、适当提高保费补贴比例、对多年参保但未发生灾害的农户给予奖励或一旦发生灾害提高赔偿标准等，从而进一步提高农户参保积极性。

（三）创新保险服务，探索承包方式

一是拓宽参保渠道，如充分依靠乡镇基层的工作力量，引导农户通过农业龙头企业、农民专业合作社、村级集体组织等形式整体参保。二是改进理赔机制，建立政策性农业保险定损理赔专家库，出险后随机从专家库中选定人员参加现场勘查、责任鉴定和定损理赔等工作。三是规范市场运行。根据各承保机构的服务水平和管理能力，由省级部门确定各承保品种的承保机构，县区在确保各承保机构原有保费规模的基础上，根据省里确定的各承保品种承保机构分配年度保险任务，规避各承保机构之间无序竞争。

（永州市县域经济与产业发展融资中心原副主任）

关于建立湘江生态补偿机制的调研报告

周进瑜

近期，我与市发改委、市环保局有关人员一道联合组成调研组，就建立湘江生态补偿机制工作开展了专题调研。调研组赴江华、祁阳两县进行实地调研、征询意见，到省环保厅、财政厅、林业厅衔接相关政策，并发函至浙江省杭州市、江西省赣州市，商调两地开展钱塘江、赣江生态补偿的相关资料文件。这次调研活动掌握了相关政策、学到了先进经验，达到了预期目的。现将调研情况报告如下。

一、建立湘江生态补偿机制战略意义重大

湘江是湖南人民的母亲河，湘江的流域面积、人口和经济总量分别占全省的40%、65%和80%，承载着近5000万人口的生产生活用水以及纳污、灌溉、航运等功能，经济和社会发展中的地位十分重要。省内机械、钢铁、有色、食品、石化等5个主营业务收入过千亿元产业集中分布在湘江流域。因此，研究湘江生态补偿机制的问题，事关湘江流域生态安全，事关湘江中下游城市的可持续发展，事关湖南“四化两型”“四个湖南”“两个率先、两个加快”战略的实现。

一是确保湘江生态安全的迫切要求。受粗放型增长方式的影响，我省在经济快速发展的同时，湘江流域生态亦遭受到不同程度的破坏，近年来，省委、省政府和湘江流域市州虽连年加大投入，全力修复湘江生态环境，但总体水体环境质量逐年下降，生物多样性不断减少。2016年

6月，湖南省水质监测中心对湘江43个河段监测发现，仅11个河段水质在三类标准以内；32个河段水质为4类，属已污染水体；2个河段水质为5类，不能做生活用水。《湖南省湘江保护条例》明确提出了建立湘江生态补偿机制，即：建立生态保护者恪尽职守，生态受益者积极参与的激励机制，相辅相成，形成保护湘江生态的长效机制，开创生态保护工作的新局面。

二是促进湘江流域协调发展的重要手段。生态环境是一个公共产品。一个区域为了保护生态环境，可能会丧失部分发展机会、付出机会成本。湘江流经永州、郴州、衡阳、娄底、热洲、湘潭、长沙、岳阳八市，上游的生态保护成本与经济发展收益并非对等。永州作为湘江发源地所在市，坚持生态优先，把保护湘江生态安全作为一项战略任务，作为全市头等大事，持之以恒地加强生态建设和环境整治。湘江永州流域两岸关闭污染工厂，地下矿藏禁采，水中限制养殖，全市森林覆盖率61.3%，空气优良率达97%以上。良好的生态环境使长515公里湘江永州段水体长期保持Ⅱ类水质，年平均径流量793.3亿立方米，为下游提供了优质饮用水源，成为全省两型社会建设的重要战略水源。但长期的生态投入无法获得经济回报，2016年，永州经济总量仅1362.5千亿元，在全省14个市州排第10位，财政收入仅120.5亿元，不及长沙一个县。“保住了生态，饿着了肚子”，已成为永州当前经济发展和民生保障的真实写照。要改变这一现状，就必须通过机制来调整环境利益分配关系，实现推动湘江流域协调和公平发展的目标。

三是推动湖南加快全面建小康社会的现实需要。党的“十八大”明确提出了确保在2020年全面建成小康社会宏伟目标。省委、省政府因地制宜，做出了分类推进全面建成小康社会的重大战略部署。但由于湘江生态环境保护成果的不合理分享，湘江上游地区全面小康进程受到影响，在全省处于落后位置。比如，湘江流经永州11个县区、流域人口620万人。其中，江华、新田是国家级扶贫县，宁远、双牌、江永是省级扶贫县。全市贫困人口达136万人。2016年永州全面小康实现程度仅40%，比全省平均水平少8个百分点。没有湘江上游的小康，就没有全省的小康。建立湘江生态补偿机制，不仅能增强湘江上游地区的财政保障能力，更能促进上游地区实现生态保护和发展经济“两不误”，推进上游地区与全省同步实现全面小康。

二、永州主动作为，尽力保护湘江上游生态环境

永州境内流入湘江干流的大小河流共733条，总长10515公里，境内流域面积为21389平方公里，占全市总面积近96%。为确保湘江源头土净水清，保证下游用水安全，永州强力禁伐、禁采、禁渔、禁养、禁止污染项目，付出了放缓发展步伐、减少财政及居民收入的代价。

（一）森林禁伐

森林具有调节气候，涵养水源，保持水土，美化环境等主要生态功能。永州实施“绿色永州”战略，将培养和保护林业作为优化湘江上游生态环境的基础性工程。一方面，严格实施森林禁伐。制定出台了《永州市封山育林（禁伐）工作的实施意见》，将林业用地规划为禁伐区、限伐区、开发区三种类型，实行分类经营，分区实施，其中划定公益林843.69万亩，林木采伐指标从2009年163.73万立方米缩减到2016年的83.06万立方米，“缩水”一半，财政、林农每年因此分别减收0.6亿元、2.77亿元。另一方面，大力开展绿化造林。创建“森林城市”，推进“绿色永州”建设以来，全市每年从有限的财力中挤出资金近5亿元用于绿化建设。“十二五”以来，累计投入1.36亿元，完成造林绿化面积170万亩，森林覆盖率由59.18%上升到现在的61.03%。

（二）矿产禁采

永州地处著名的“南岭多金属成矿带”，探明矿藏有75种，其中锰、钨、稀土储量大、品位高，素有“湘南锰都”之称。为保护湘江源头清水长流，永州划定了禁采区1068.8公顷。禁采区内矿产储量大、品位好，开采价值高，但由于禁采，也是“守着金山过穷日子”。据估算，

若开采禁采区矿产，全市财政每年可增收6亿元。零陵区从2012年起，对锰矿区全面禁采。该区财政收入每年因此损失3亿元，锰矿区群众减收6000余万元。在严格实行矿产禁采的同时，永州依法加强整治“禁采区”外的矿产开采秩序，防止滥采乱挖污染湘江水质。

（三）干流禁渔

干流禁渔是维护水体生态的重要组成部分。从2012年起，永州在湘江干流在年实施三个月的禁渔期，期间禁止所有捕捞作业。永州登记在册渔民1002名，每年三个月的禁渔共造成渔民减收560万元。同时，《湖南省湘江保护条例》出台后，我市对湘江于流重点水源地的网箱养殖进行了严格限制，取缔网箱养鱼103户8.24万平方米，造成养殖户减少收入400万元。

（四）两岸畜禽禁养

即在距湘江干支流1公里以内，禁止兴办规模养殖场。目前，距湘江干支流0.5—1公里以内的98家规模养殖场已完成搬迁或退出养殖。2017年，可实现距湘江干支流1公里以内全面实行禁养目标。但因搬迁，投入设施设备的成本共需约1亿元，资金筹措压力大。

（五）污染项目禁入

严把项目准入关，以引进高科技、高附加值、高项目配套的“三高型”环保型工业项目为主攻目标，不断提升经济发展“绿色指数”。对能源消耗大、影响生态环境的项目，无论投资额多大，坚决拒之门外。近5年，累计拒绝相关项目投资达300多亿元。同时，坚决关停污染企业，加大对湘江沿线工业企业的环境监管力度，近5年先后关闭污染企业220家，停产整治污染企业140家，涉及就业人员3万余人，财政因此减收约2亿元。

此外，大力加强环保基础设施建设，共新建11座污水处理厂，污水处理率达60%以上，超出全省平均水平22.9个百分点。新增687.6公里以上的污水收集管网。兴建10座大型垃圾填埋场。23家医疗卫生机构安装了医疗废水处理系统。大力推进生态乡村创建活动，重点乡镇生活垃圾处理、规模化畜禽养殖污染治理、农村沼气建设等工程，各乡（镇）均建成了1个以上农村环境保护综合治理试点村，全市共建成沼气28764口，湘江永州段各条支流污染得到有力遏制。

表1 永州市近五年保护湘江生态所受经济损失情况表

	财政减收	就业减少	群众减收
森林禁伐	2.8亿元	12.2万人	13.85亿元
矿产禁采	30亿元	1万人	10亿元
干流禁渔		700人	560万元
两岸富禽禁养		1539人	6556万元
关闭污柔企业	10亿元	3万人	22.5亿元
合　计	42.8亿元	38.2万人	47.06亿元

表2 永州市“十二五”期间保护湘江生态资金投入情况表

	已投入	拟投入
绿化造林	13.6亿元	8.0亿元
污水处理	12.11亿元	1.48亿元
垃圾处理	7.61亿元	12.51亿元
重金属污染防治专项治理	2.91亿元	0.75亿元
合　计	36.23亿元	22.74亿元

三、建立生态补偿机制是有效保护区域生态的普遍做法和成功经验

（一）党和国家高度重视生态补偿机制建设

2007年，国家环保总局出台《关于开展生态补偿试点工作的指导意见》（环发〔2007〕130号），明确提出“谁开发、谁保护，谁破坏、谁恢复，谁受益、谁补偿，谁污染、谁付费。生态保护的受益者有责任向生态保护者支付适当的补偿费用”的要求。2011年，第十一届全国人大

四次会议审议通过的《“十二五”规划纲要》要求研究设立国家生态补偿专项资金，加快制定实施生态补偿条例。2012年，党的“十八大”报告明确要求建立反映市场供求和资源稀缺程度、体现生态价值和代际补偿的资源有偿使用制度和生态补偿制度。全国人大连续三年将建立生态补偿机制作为重点建议。2013年，党的十八届三中全会出台了《中共中央关于全面深化改革若干重大问题的决定》，提出要加快生态文明制度建设，划定生态红线，实行资源有偿使用制度和生态补偿制度。

（二）外省实施生态补偿制度取得了巨大成功

近年来，江西、江苏、浙江、河北等省都进行了地方流域生态补偿实践。实践表明，建立生态补偿机制促进了江河流域治理力度，改善了流域水质，保护了流域生态安全，实现了上下游地区之间经济社会的“共赢”发展，得到了党中央、全国人大和国务院的充分肯定，为建立湘江生态补偿机制提供了实践蓝本和宝贵经验。浙江省2005年发布《关于进一步完善生态补偿机制的若干意见》，在全省8大水系开展流域生态补偿试点，省财政对水系源头所在市、县进行生态环保财力转移支付，在实践中探索出“异地开发”和“市场交易”的模式。金华市建立“金磐扶贫经济开发区”，在政策与基础设施方面扶持该市水源涵养区磐安县。浙江省东阳市将横锦水库5000万立方米水资源的永久使用权通过交易转让给下游义乌市，试点水资源使用权交易。河北省于2008年3月正式下发《关于在子牙河水系主要河流实行跨市断面水质目标责任考核并试行扣缴生态补偿金政策的通知》，确定按河流入境水质污染物超标比例实行财政扣缴。2012年1月8号，河北省施行的流域断面水质考核生态补偿机制，获得“中国地方政府创新奖”。江苏省在太湖流域开展流域双向生态补偿，断面水质超标时由上游给予下游补偿、断面水质指标值优于控制指标时由下游给予上游补偿。江西省对“五河一湖”（赣江、抚河、信江、饶河、修河和鄱阳湖）及东江源头保护区进行生态补偿，补偿资金的20%按保护区面积分配，80%按出境水质分配，出境水质劣于Ⅱ类标准时取消该补偿资金。

（三）我省建立生态补偿制度已经具备较好的工作基础

省委、省政府强力推进湘江生态安全保护。2001 年 11 月，省第九届人民代表大会常务委员会第二十六次会议通过了《湖南省东江湖水环境保护条例》，开启了湘江流域生态补偿序幕。2013 年 1 月，颁布《湖南省湘江保护条例》，明确提出“建立健全湘江流域上下游水体行政区域交界断面水质交接责任和补偿机制”。2013 年 4 月，东江湖被纳入国家重点流域和水资源生态补偿试点，对水源区内的所有被补偿主体进行一定程度的补偿。目前，国家、省级财政每年对东江湖流域的各项补偿金额 10 亿元，有力地促进了东江湖区域生态建设，为维护湘江生态安全、促进当地经济发展发挥了重要作用。

四、建立湘江生态补偿机制的意见建议

湘江是湖南经济社会发展的“政治之水、经济之水、生命之水”。建立湘江生态补偿机制功在当代，利在千秋。建议省委、省政府按照“谁受益、谁补偿”的原则，尽快启动建立湘江生态补偿制度。

（一）明确补偿主体、对象

根据“谁受益、谁补偿”的原则，将湘江生态补偿主体明确为湘江中下游用水主体以及当地政府。补偿的对象明确为湘江上游因保护水质、涵养水源付出成本以及经济发展受影响的上游地区政府。

（二）确定补偿额度、标准

补偿标准是生态补偿的核心，只有对生态成本和效益进行科学、合理的评估，才能确定生态补偿的标准，为构建生态补偿机制提供依据。对湘江生态补偿标准的确立，建议从以下几个方面进行考量：

一是保护湘江生态已经付出的成本。主要指湘江上游为保护生态环境所付出的成本，主要包括环境整治、生态建设、污染治理等工程项目所需资金投入成本。二是因保护湘江生态减少的发展机会成本。即由于保护湘江生态丧失发展机会，导致群众和财政收入减少。机会成本可以

用湘江上游地区居民收入与中下游地区平均收入水平的差距来测定。三是为保护湘江生态将要投入的成本。即为确保湘江生态安全和可持续发展，新建生态环境保护设施、水利设施、新环境污染综合整治项目等方面的投入。

根据对相江上游生态保护成本和损失的评估的测算，对湘江上游生态保护的总体补偿额在每年18—20亿元之间确定较为适宜，并建立定期增长机制，保持与物价水平一致。

（三）积极稳妥开展补偿

补偿可采取两种方式进行：第一种方式，对上游地区进行“财政直补”。省财政设立湘江生态补偿专项资金，每年根据测定的标准，通过财政转移支付将补偿资金安排到湘江上游的市县区财政，专款专用。第二种方式，通过四种途径进行补偿。

1. 实行资金直补

一是省财政逐步提高现有生态保护专项资金总额。对已形成机制的生态补偿项目提高标准、延长补偿期限。比如，增加生态公益林补偿面积和补偿标准；对湘江源头地区退耕还林面积建立永久补偿机制，补偿标准建议为每立方米林木1000元（700元）、每根毛竹5元（3元），并每2—3年根据市场行情调整一次。加大生态公益林补贴标准，将生态公益林补偿标准提高到每年每亩30元，并与经济发展增速保持同步上涨，国有林、集体林同等享受补偿。加大对造林育林补贴。建议对宜林荒山造林，按照每亩1000元的标准进行补助；对采伐更新，按照每亩300元进行补助；中幼林抚育按每亩100元进行资金补贴。进一步增加森林防火经费和林业有害生物防治经费。将林农纳入惠农政策适用范围，增加林农生活水平补助项目。二是省财政新设一批生态保护专项补助资金。建立关闭污染企业、禁采及关闭金属（非金属）矿山、湘江上游生态修复和构建等一批专项补助，补助计算的系数应大于其他地区，减轻湘江上游地区财政负担。三是省财政增加对湘江上游地区的转移支付额度。重点在社会保障、一般性财政转移支付上执行倾斜政策。特别在优抚、就业、社会生活救助、城乡居民医疗保险、养老保险等民生保障的地方财政配套比例上，享受大湘西开发、武陵片区、罗霄山脉相关优惠政策，并在资金转移支付分配时，对上游地区优先切块保障。在教育文化、卫生、医疗保障的财政投入上，比照国家对西部地区的财政投入标准，免除地方财政相应配套投入规定，确保上游地区基本财力不受影响。

2. 实行项目补偿

重点支持生态环保、基础建设、民生保障等公共项目投入，通过项目带动湘江上游地区经济发展。一是补偿生态环保项目。建议将湘江永州段的重金属污染治理项目全部纳入国家计划，进一步提高中央和省投资比例；采取以奖代补方式加大对湘江永州段垃圾处理、污水处理及配套基础设施建设的支持力度。建议将永州市污水和垃圾处理项目以奖代补资金提高到项目还本付息和运行费用的50%，免除永州市垃圾处理和污水处理国债转贷资金。二是补偿重大基础项目。加强湘江上游段的涔天河水库、毛俊水库、芦江水库、何仙观水库等重点水库建设，配套建设灌区基础设施项目，增强水库对湘江的集水调节功能。尽快开工湘江千吨级航道改造，加快湘桂运河规划立项等工作，通过河道疏浚，航道运行等方式，增强湘江水流的连续性，加快恢复原有生态系统。支持加快江华、江永、蓝山、双牌、零陵、东安等地的风电建设，在前期工作、银行信贷、风电并网等方面给予政策倾斜。三是补偿民生保障项目。在同等条件下，优先安排湘江上游地区的教育、卫生、体育、文化、养老、就业、农网改造等民生项目，项目覆盖率与湘江中下游地区保持同步。

3. 实行水权交易市场补偿

湘江流域中下游各市按一定容量的水质和水量向湘江上游地区提供生态资金补偿。补偿资金实行专款专用，主要用于湘江上游地区的生态保护和环境治理，为下游地区提供优质水资源，促进湘江流域内经济和社会的和谐、健康发展。

4. 实行资源税费返还

将征收的水资源费中上缴省级的10%部分全额返还永州；永州市资源税省级分享的25%返还永州；省级10%的水土保持实施补偿和水土流失防治费返还永州；征收的矿产资源补偿费中上缴中央和省级的70%部分返还永州。

5. 多渠道筹集补偿资金

一是争取中央财政转移支付。争取中央加大对湘江上游市县区的一般性转移支付，用于湘江生态环境治理。二是列入水资源费支出范围。将湘江流域生态补偿纳入水资源费的支出范围，增加对湘江生态保护的补偿，并提高补偿标准。三是征收生态补偿费或生态补偿税。以生态环境整治及恢复为依托，以对生态环境产生或可能产生不良影响的生产经营者为征收对象，征收生态补偿费或生态补偿税。四是发行生态补偿基金彩票。建立湘江生态补偿募捐基金机构，公开发行湘江生态补偿彩票，筹集专门资金用于湘江流域生态保护，增强社会公众生态意识。

6. 加大政策支持

目前，国家在生态补偿方面的法律法规尚未出台，或者缺乏下位法的具体规定，导致自然资源有偿使用原则难以有效实施。湘江流经全省八个地市，如果没有一个全省性的统一制度，生态补偿将很难实在到位。建议省委、省政府尽快启动这方面的地方性法规制定工作，明确补偿的原则、范围、补偿标准、方式、以及处罚措施等内容，使之法律化、制度化、科学化。同时，尽快出台支持湘江生态补偿的系统性、配套性文件，健全支持湘江生态补偿的政策体系，包括财政金融支持政策、污染治理方案等。

7. 加强组织领导

建议建立湘江流域生态补偿联席会议制度，由省环保局、省财政厅、省林业局、省发改委等相关省直部门以及永州、郴州、衡阳、娄底、株洲、湘潭、长沙、岳阳八市政府组成。由省环保局担任联席会议召集人，其他成员单位有关负责人为联席会议成员。联席会议负责统筹湘江生态补偿工作，协调解决工作中的重大问题。同时，加强宣传引导。充分利用广播、电视、报刊、互联网等各种传媒，多渠道、全方位加强对建立湘江生态补偿、保障湘江生态安全的政策宣传，在全社会形成保护湘江生态安全的热烈氛围，提高各方参与保护湘江的主动性和积极性。

（永州市财政局经济建设科科长）

财政为脱贫攻坚备足“弹药”

——宁远县扶贫资金筹集使用情况的调研报告

宁远县财政局

宁远县地处永州南部，总面积2501平方公里，辖16个乡镇（4个瑶族乡）、4个街道办事处、4个国有林场、422个行政村（社区）、2个副县级单位（九嶷山森林公园管理局和宁远县工业园管委会），总人口88.75万，区划面积、人口数量均排全省第29位。2002年被列为省级扶贫开发重点县，现有贫困村119个、建档立卡贫困人口106224人，已退出贫困村28个、减少贫困人口53937人，贫困发生率降至6.71%；今年又被列为全省12个拟脱贫摘帽县之一。脱贫攻坚战，资金是“子弹”。近年来，宁远县筹集扶贫资金近30亿元，为打赢脱贫攻坚提供有力保障。

一、资金筹集及使用情况

（一）2015年资金筹集及使用情况

2015年上级下达我县扶贫资金共4769万元，国库拨付资金4769万元。分年度看：2015年拨付使用185.34万元，2016年拨付使用2671.44万元，2017年使用1912.22万元。分项目看：主要用于农村安全饮水23.64万元、产业建设1894.25万元、农村道路建设1072.14万元、农村活动室及活动场所98.423万元、金融扶贫1000万元、农田水利设施建设195.72万元、旅游扶贫20万元、雨露计划42.2万元等。

（二）2016 年资金筹集及使用情况

2016 年上级下达我县扶贫资金及整合资金共 16916.33 万元（整合资金 7640.32 万元），国库拨付资金 16916.33 万元。分年度看：2016 年使用 5791.07 万元，2017 年使用 10995.84 万元，结余 129.42 万元（湘财农指〔2016〕33 号结余 4 万元、湘财农指〔2016〕58 号结余 10 万元、湘财预〔2016〕57 号行管费结余 1.31 万元、永财农行〔2016〕2 号市驻村联系帮扶资金结余 12.05 万元、湘财预〔2015〕171 号林场维修结余 50 万元、湘财预〔2016〕77 号以工代赈结余 44.07 万元）。分项目看：主要用于农村安全饮水 48 万元、产业发展 4767.67 万元、农村道路建设 608 万元、保障兜底 500 万元、扶贫办基础设施建设资金 421.86 万元、农村活动室及场所 140.13 万元、农村基础设施建设 460 万元、金融扶贫 3500 万元、农民技术培训 141.83 万元、农田水利设施建设 856.56 万元、扶贫特惠保 783 万元、小额信贷贴息 2087.73 万元、农村危房改造 69.6 万元、文化扶贫 25.38 万元、易地扶贫搬迁 1407.75 万元等。

（三）2017 年资金筹集及使用情况

2017 年计划筹集扶贫资金 26.07 亿元，已到位 17.398 亿元，占计划 66.73%。目前，已使用 9.23 亿元，占到位资金的 53.1%。从资金来源看：财政涉农资金统筹整合资金共 4.68 亿元，扶贫公司筹集 10.39 亿元，农建投筹集 6 亿元，旅建投筹集 5 亿元。财政涉农资金统筹整合资金共 4.68 亿元。从到位情况看：财政涉农整合资金到位 4.069 亿元，扶贫公司到位 5.8 亿元，农建投到位 5.43 亿元，旅建投到位 2.1 亿元。从使用情况看：财政涉农整合资金主要用于基础设施 8384.64 万元、社会保障“两线融合”、保障兜底、医疗救助等 5972.77 万元、小额贷款贴息 456.32 万元，“扶贫特惠保” 669.44 万元、教育扶贫 1000 万元、产业发展 7261.52 万元，危房改造 11701.9 万元，光伏产业 5171.66 万元，培训 71.746 万元等。扶贫公司筹集全部用于易地扶贫搬迁，截至 10 月 13 日止，已支付 5.1 亿元，占到位资金的 88%。其中：拨付征地拆迁及补偿款3426万元、拨付分散安置建设补助资金1007.5万元、拨付集中安置项目建设款4.62亿元、拨付设计、电力安装等费用3835万元，目前结余7000万元。农建投筹集资金主要用于光伏扶贫产业、贫困村基础设施、农村综合服务平台建设，目前支付1.063亿元。旅建投筹集资金主要用景区带村扶贫项目建设、乡村旅游和旅游宣传等，目前已使用6870万元。

二、主要工作措施

（一）加强领导，明确责任

始终把扶贫资金整合使用管理工作放在重中之重的位置，成立由县长任组长、常务副县长任副组长，县发改、财政、扶贫、农业等18个部门负责人为成员的高规格领导小组，负责指导协调全县扶贫资金使用管理工作。县委书记、县长、常务副县长多次组织召开县委常委会、政府常务会和现场办公会，专题研究资金整合使用管理工作，解决工作中的问题，制定出台了扶贫资金管理办法，形成了上下贯通、横向到边、纵向到底、相互支持配合的组织管理和责任体系。同时，在人、财、物等方面给予支持保障，确保工作顺利开展。

（二）精准核实，科学定盘

在资金和项目安排上，实行“村级申报，县乡核实，指标到村，乡村实施、部门指导、县级监督”的运作方式，突出“五优先、五兼顾”，即：优先保脱贫标准所需，兼顾提升工程；优先保贫困村，兼顾非贫困村；优先保申报核实项目，兼顾需求增加项目；优先保先行建设项目，兼顾后续开工项目；优先下达村项目实施，兼顾行业部门组织实施。坚持“三个不予”，即：未通过群众讨论的项目不予入库、未入项目库的项目不予评审、未经评审和县扶贫领导小组审批的项目不予申报。在资金使用上，建立统一项目库，统一管理、捆绑使用，集中连片规划推进，杜绝把扶贫资金当作“万金油”“唐僧肉”“胡椒面”，促进扶贫资金整体效益发挥。

（三）及时支付，规范运行

一方面，让扶贫资金用得好。严格执行财政扶贫投入增长机制，通过压缩三公经费、盘活存量资金等方法，优先安排扶贫资金用于社会保障兜底、易地扶贫搬迁、产业扶贫等项目，确保各项扶贫资金及时足额发放到位，提高资金使用效率。另一方面，让扶贫资金管得住。采取“县设专户、乡建专账，封闭运行，县级报账、财政决算、专项审计”的模式，严格规范扶贫资金拨付流程，在资金运行上严格遵守“三专”的要求，即“专户储存、专人管理、专账核算”，由县财政局开设专户统一存储，县财政明确专人负责财政扶贫资金的管理工作，项目实施统一实行县级报账制，乡镇建立完整的项目辅助台账，同时接受审计。

（四）健全制度，全程监管

一是加强制度建设，确保管理规范。出台了《关于推进统筹整合使用财政涉农资金工作实施意见》《涉农资金整合使用管理办法》《易地扶贫搬迁项目资金管理办法》《“扶贫特惠保”资金使用管理办法》《产业发展扶持资金管理办法》等一系列制度，做到有章可循、有规可依、有制可查。围绕“精准滴灌”细化扶贫资金预算管理，将各行业用于扶贫开发专项资金单列，细化到每一个贫困村、每一个贫困户。二是加强公开公示，确保阳光运行。设立“互联网＋监督”惠民项目（资金）公示平台，将所有乡镇（街道）和相关县直单位惠民项目实施情况、惠民资金拨付使用发放情况上网公开。全县扶贫项目及扶贫资金、整合资金、使用进度情况接受纪委审查，公示平台全面公开、定期更新。三是加强联合监管，确保资金安全。建立部门、乡镇（街道）、贫困村、驻村工作队“四方监管”机制，资金安排、项目实施、项目验收等环节全程参与监管。监察、审计、财政联合开展审计监督，采取“四定”制度（实行定人、定责、定任务、定奖惩），确保资金和项目安全。同时，积极探索引入第三方独立监督，引导贫困人口主动参与，构建多元化资金监管机制。

（五）从严执纪，高压整治

切实加大扶贫领域监督执纪问责力度，严肃查处优亲厚友、虚报冒领、贪污侵占、截留私分、挥霍浪费等不正之风和腐败问题。今年，共发现和受理扶贫领域问题线索755条，给予党纪处分32人，组织处理52人，移送司法机关3人，追缴资金63.89万，退还群众19.23万元。近期，市委第四巡察组进驻开展脱贫攻坚工作巡察，发现问题线索91条，移送纪检监察机关22条，即巡即改16条。

三、存在的问题及下段工作打算

尽管宁远财政在扶贫资金整合使用管理方面做了一些工作，但也还存在一些问题和困难。一是资金缺口比较大，农村基础设施建设等方面还存在许多薄弱环节，需要大量资金，但目前，地方融资越来越困难，资金投入远不能满足实际需求，缺口大。二是扶贫项目验收监管部门多、审批环节复杂、时间跨过长，影响资金拨付。三是资金监督还有待加强，面对扶贫项目点多面广，实施时间长短不一，使得扶贫资金还缺乏有效健全的监督手段。下段，将进一步增强问题意识，重点在以下几个方面努力。

（一）进一步改进和完善扶贫资金管理机制

大力完善扶贫资金管理制度，切实做到专人、专账、专户管理；建立公示制度，实行“两公开”，即：公开扶贫资金计划分配和使用情况，公开项目实施情况。不断完善报账制，扶贫资金实行封闭运行，直达项目，资金的拨付按规定程序办理，及时拨付项目资金。严格实行项目管理，规范扶贫项目库建设，做到资金到项目、管理到项目、核算到项目、检查验收到项目。严格实行扶贫项目检查验收考核制度，由政府统一组织相关部门到现场一次性验收，确保扶贫资金真正用于项目建设并及时拨付，充分发挥资金的使用效益。

（二）进一步加强扶贫资金的管理与监督

建立扶贫项目资金跟踪问效制度、目标评价体系和效益考核机制，严格按照扶贫资金管理办法的规定，加强项目事前、事中、事后的监督检查，进一步规范扶贫资金的管理和使用。健全和完善扶贫资金管理责任追究制度，对项目实施过程中随意改项、挤占挪用、虚假报账造成资金流失、管理不善造成损失浪费等违纪违规问题进行严肃查处；同时，建立第三方参与监督机制，防止扶贫资金管理使用中的违规违纪现象发生，确保资金安全完整，最大限度发挥扶贫资金的社会效益和经济效益。

（三）进一步严格考核和责任追究

加大对扶贫资金使用的考核力度，对专项资金整合率、资金到位率、项目完成率及项目整体效果进行评价。实行扶贫资金整合与部门预算、部门办公经费相挂钩，对扶贫资金使用效果好的部门和乡镇（街道），在下年度预算、经费拨付上予以适当增加、倾斜；对使用效果差的部门和乡镇（街道），在下年度预算、经费拨付上予以适当削减。对在工作中玩忽职守及综合评价效果差的单位，严肃追究相关单位工作人员责任。近期内要统计汇总好 2015 年至 2017 年扶贫资金，做好自查、抽查、督查三个环节，聚焦问题，压实责任，做到认真查，不漏一项；真正改，不差一分；严肃抓，不放一人。

（宁远县财政局）

关于市直单位驻点帮扶贫困村工作调研报告

秦爱军

根据局机关的统一部署，我和科室有关人员先后到部分市直驻村帮扶牵头单位，并深入一些贫困村、贫困户，就市级驻点扶贫村投入情况、脱贫攻坚政策落实情况以及取得的初步成效和存在的问题进行了专题调研。

一、基本情况

2015年以来，市委、市政府研究决定，由市级领导挂帅，从市直和中央、省驻永单位选派干部进驻全市43个贫困村开展驻村帮扶工作，市扶贫开发领导小组印发了具体实施方案。市级领导和工作队按照实施方案的总体部署，指导帮扶村结合实际情况，分年度制定了帮扶计划，并认真组织实施。据不完全统计，截至2017年8月，已累计投入43个帮扶村各类资金13754.05万元，其中：中央财政资金2875.7万元，省级财政资金1764.99万元，市级财政资金2398.9万元，县区财政资金5387.9万元，其他资金（驻村单位投入、社会捐助等）1326.5万元。各类投入呈逐年增加趋势。

二、主要做法及初步成效

（一）高度重视，精心组织

为确保驻村帮扶工作有序开展，市里为每个驻点村成立了工作队，从市直单位选派能力强、水平高的业务骨干进村驻点开展扶贫工作。各市直单位领导积极深入驻点村了解驻村工作开展情况，解决驻村帮扶过程中的问题。各工作队按照精准扶贫的要求深入贫困村，在分析贫困村状况的基础上，制定贫困村脱贫工作规划；深入贫困户，帮助村“两委”准确识别贫困人口，把握贫困户的生产、生活、就业及收入、支出、就医、就学等信息，根据不同情况采取相应的帮扶措施；按照“每个贫困户都有帮扶责任人”的要求，为贫困户建档立卡，因人因户施策，明确专人落实帮扶责任和措施，根据各户不同的经济状况和脱贫发展意向制订帮扶措施，确保贫困户帮扶措施更精准，收入来源更加稳定。

（二）强化党建，提高战斗力

各工作队加强党的基本理论和党的农村工作政策的学习，扎实开展“两学一做”学习教育，提高村党员、村班子政治、业务素质和领导管理水平；组织外出学习发展致富典型经验，拓宽工作思路，增强发展意识，提高发展能力；加强农业技术、致富技术的学习培训，增强带头致富的实际本领；建立健全村支部和村委会议事规则和决策程序、党员学习和组织生活制度、村务财务公开制度、村党支部和村委会按期选举制度、村民或村民代表评议村干部制度和村规民约；着力从带头致富能手、产业带头人、种养大户和经济能人中发展党员，培养后备力量。

（三）发展产业，增收富民

各驻村工作队结合贫困村实际情况，积极调整产业结构，探索村集体、个体经济发展道路。如江华县沱江镇茫海州村工作队，帮助建立茫海洲村雨衣厂、茫海洲现代农业产业园示范园等产业扶持项目，共覆盖贫困户 169 户，带动农民人均增加收入 1000 余元；大锡乡盘古村工作队结合该村条件，发展苗木、茶叶、瓜蒌和林下经济；洪源村工作队驻村扶贫后，帮助安装了 10 台风电机，种植 800 亩水果和 700 亩烟叶，出现了“山上有风电、山腰有水果、山下有烤烟”的局面。

（四）完善设施，提升服务

各驻村工作队帮助村里加强基础设施建设，改善生产、生活条件。包括：硬化村级公路或活动中内外场地，完善了公路周边的贫困村与非贫困村路网建设，安装太阳能路灯，方便了群众出行，钻深水井解决饮水安全问题，新修机耕道、新建排洪渠、灌溉渠，打造特色旅游休闲农庄，等等。

通过采取得力措施，多数市级驻村帮扶工作取得了积极成效，赢得了当地老百姓的衷心拥护。主要表现在：一是贫困村班子队伍得到提升。工作队以党建为引领，通过强化贫困村基层党组织建设，选优配强村“两委”班子，加强党员队伍管理，完善村党支部、村委会各项制度及村规民约，推进党务公开和村务公开，增强了贫困村“两委”的战斗力，同时培养入党积极分子、发展新党员，保持党组织活力，壮大党员队伍，为脱贫攻坚工作打下了坚实的组织基础。二是贫困村基础设施得到改善。市直驻点工作队以改善出行条件、人居环境为抓手，想方设法加大投入，使得贫困村的水、电、路、讯等基础设施建设逐步完善。祁阳县新塘角村工作队紧紧围绕产业发展和改善民生需要，推进农村基础设施建设，通过实施水利设施建设、农村电网改造、村组道路建设、农村宽带建设和村级活动场所建设等工程，帮扶村水电路讯等基础设施日趋完善。冷水滩区零东圩村工作队带领村支两委一班人新修 2.5 公里通村公路，为家家户户接通了自来水、连通了水泥路，安装 83 盏路灯，新建 700 平方米村民服务中心。江华县洪源村工作队，为该村新硬化村道、新修水渠、机耕道，修建活动广场、组建了文艺演出队；招礼村工作队，为该村新建机耕道 10 公里、河堤 117 米、球场 2 个、幸福院 1 座、特困户之家 1 栋，兴建 30 kW 光伏电站年发电量 3 万度，安装太阳能路灯 78 盏。三是贫困村产业得到快速发展。针对贫困村的资源实际和贫困户致贫原因，驻村工作队把产业扶贫作为“五个一批”的重中之重，着力提高“造血功能”，建立和完善可持续、不返贫的长效机制。零陵区何仙姑村流转土地 1200 余亩，招商引资引进了花海公司和漂游公司。2016

年共种植近 400 亩紫薇花、100 余亩脆桃、50 余亩草本花，修建了漂游大坝、4.5 千米漂游道和 2 千米观花道。在 2016 年 7—8 月紫薇花盛开期间，进村观花游客达到了 30 万人次以上，带动当地村民开办农家乐、小商店等，形成了良好的经济、生态、社会效益。驻村工作队指导村里成立了“进贤实业有限公司”和“本三农业有限公司”两家旅游公司。2016 年，村里共有游仙山庄、进水人家、李老二饭馆、何仙姑土菜馆、何仙姑羊肉馆等 5 家农家乐营业接客。冷水滩区零东圩村工作队帮助组建村集体建筑劳务服务有限公司。村委会全额出资 20 万元组建了永州市冷水滩区三龙塘建筑劳务服务有限公司，聘用村里一名贫困户党员担任建筑劳务公司项目经理，截止去年底公司完成 300 万元的工程建设任务，实现利润 30 万元（累计），安排就业岗位 20 多个，村民每年可实现劳务收入 75 万元。通过产业项目的示范引领和带动，转变了群众的发展观念，拓宽了群众增收渠道。

三、存在的主要问题

目前，市直单位驻村帮扶工作虽然取得了一定成效，但还存在一些不容忽视的问题，主要表现在“三个差别”：一是“职级差”。一些单位反映，部分市级领导特别是主要领导的联系点在项目争取、资金投入上相关部门倾斜的力度相对较大、效果相对明显；二是“部门差”。一些部门资源相对丰富、条件相对优越，位置相对强势，争取项目资金的渠道多一些，投入的力度相对大些，成效相对好一些；三是“力度差”。少数单位领导重视程度不够，工作队员的责任心、使命感相对薄弱，帮扶工作效果存在差距。上述“三个差别”直接导致工作开展不平衡。仅从投入的额度看相差比较悬殊，多的上千万元，少的只有几十万元。此外，随着帮扶工作深入推进，出现了贫困村与非贫困村、贫困户与非贫困户角色逆转，形成新的相对贫困村和贫困户，原来的一些非贫困村、非贫困户正在或逐步演变为相对弱势群体，留下了新的不稳定因素，需要在今后加以妥善解决。

（一）贫困村（户）与非贫困村（户）的问题

随着国家逐步加大对扶贫的投入，贫困村（户）越来越多的享受国家在医疗卫生、住房保障、就业培训、产业扶持、教育支持等方面的政策扶持，而非贫困村（户）不能享受相关政策，越来越多的非贫困村（户）的反响比较强烈。

（二）贫困村中的贫困户与非贫困村中贫困户的问题

非贫困村中的贫困户因本村不是贫困村，特别是贫困户较少的非贫困村，国家在水、电、路、讯等基础设施上的投入，与贫困村中的贫困户相比，在基础设施投入方面存在较大差距，“红眼病”有蔓延的趋势。

（三）有无扶贫后盾单位支持的问题

我市现有贫困村 931 个，纳入省市帮扶的村不到十分之一，帮扶力量明显不均衡。如江华县有 10 个贫困村是由中央、省、市扶贫后盾单位进行驻村帮扶，在资金、政策、重视程度等方面，可享受的资源相对比较丰富，而该县其他 102 个贫困村的帮扶后盾单位为县直单位，在资金、政策、重视程度等方面，可享受的政策资源相对较少，感觉被边缘化，存在失落感。

（四）部分贫困村（户）“等、靠、要”问题

尽管扶贫政策和项目已经进村入户并落地开花，但仍有小部分贫困村（户）的“等、靠、要”依赖思想比较顽固，如何让这些贫困村（户）转变观念，从思想上也同时“脱贫”，还需进一步加大力度。

四、工作建议

贫困户与非贫困户、贫困村中的贫困户与非贫困村中贫困户和有无扶贫后盾单位支持的问题，主要是还是资金、项目、人力等扶贫资源相对有限，没法做到全覆盖，扶贫工作只能有重点地推进。为确保脱贫攻坚目标任务全面完成，建议上级进一步加大财政资金投入力度，集中力量重点消除贫困面广、程度深的贫困县和贫困村，在资金、政策、驻村帮扶等方面给予重点倾斜，准确把握好“雪中送炭”、扶上马送一程的度；同时，又要兼顾面上县贫困村和贫困人口以及非贫困村（户）特别是濒临贫困村（户）的发展，保障必要的建设资金需求，积极稳妥做好“锦上添花”、拉一把齐步走各项工作，促进区域全面持续协调发展。

（永州市财政局农业科科长）

强化产业链招商　培植可持续财源

罗文峰

带着对培植壮大财源的思考，近日我们走访了长丰工业园、长丰汽车沙发等企业，就依托长丰猎豹汽车强化产业链招商，培植我市可持续财源开展调研，现将有关调研情况报告如下。

一、长丰猎豹汽车产业已形成态势良好的产业链条

湖南长丰猎豹汽车有限公司（以下简称“长丰猎豹”）成立于2012年7月16日。前身为中国人民解放军第七三一九工厂，1996年改造，成立湖南长丰汽车制造股份有限公司（为长丰集团控股子公司）。2004年6月，在上交所上市。2009年5月，与广汽乘风战略重组后，更名为广汽长丰永州分公司。2012年7月长丰集团从广汽长丰剥离后，长丰集团回购整合广汽长丰永州分公司，2013年8月在永州市设立湖南长丰猎豹汽车有限公司（以下简称长丰猎豹汽车）、湖南猎豹汽车股份有限公司永州分公司，与长丰沙发、长丰空调、长丰内装饰、长丰零部件一样同为长丰集团控股子公司。长丰猎豹汽车产业从总装、冲压、涂装到沙发、橡胶、内装饰、空调等配套生产绝大部分零部件，配套生产能力不断增强，并衍生了十多家配套企业，其中规模较大的有长丰沙发、长丰空调、长丰内装饰、长丰零部件、元创精密科技5家企业。猎豹汽车整车生产所需零部件成为零部件配套企业生产的主营业务，配套率较高，有的企业生产的产品甚至绝大部分为猎豹汽车整车生产配套，据调查，上述5

家企业围绕猎豹汽车整车生产的产品配套率分别为长丰沙发 90%、长丰零部件 68%、长丰内装饰 80%、长丰空调 70%—80%、元创精密科技 30%。零部件配套企业为长丰猎豹汽车提供了大部分零配件，形成了关联度高、生产经营密切的汽车产业链。

二、长丰猎豹汽车产业已成为优势产业和重要财源

长丰猎豹公司在永州基地主要生产 CS 系列六种车型，猎豹 CS6、CS7 等系列产品由于跟不上市场竞争和客户需求，正逐步被市场淘汰；2015 年 4 月份推出的 CS10，目前产销两旺，登上了 2016 年国产车销售榜第十名。2016 年包含长丰猎豹汽车、长丰沙发、长丰空调、长丰内装饰、长丰零部件、元创精密科技 6 家企业在内的长丰汽车产业产值为 61 亿元，入库税收 5.84 亿元，比 2015 年分别增长 379%、68%。2016 年仅长丰猎豹汽车 1 家企业就完成产值 52 亿元，入库税收 5.2 亿元，比 2015 年分别增长 69%、64%。在长丰猎豹汽车快速发展的带动下，长丰沙发、长丰零部件、长丰内装饰、长丰塑料、元创精密科技等汽车零部件配套企业主营业务收入分别为 26289 万元、11145 万元、18581 万元、10970 万元、21993 万元，比 2015 年分别增长 99%、19%、97%、63%、38%；入库税收分别为 1781 万元、997 万元、1219 万元、481 万元、1740 万元，比 2015 年分别增长 135%、60%、181%、466%、61%。2016 年中心城区生产总值为 341.3 亿元，工业行业税收收入为 9.68 亿元，而长丰猎豹汽车及以零部件配套企业产值为 60.9 亿元，完成税收 5.84 亿元，占比分别达 17.8%、60.3%。长丰猎豹汽车产业已成为市本级乃至中心城区优势产业和主要财源。

三、长丰猎豹汽车产业目前存在的问题和困难

以长丰猎豹汽车为核心的汽车产业经过几十年的快速发展，无论是从生产规模上，还是从发展趋势来看，已经成为永州市最具优势的产业、最大的财政收入来源。但这一优势产业目前在生产经营上存在一定的

困难。

（一）零部件供应跟不上产能要求

猎豹 CS10 自上市以来，颇受大众喜爱，订单持增不减，长丰猎豹汽车开启了二次腾飞的新征程。随着新产品研发和技术升级改造的不断推进，产能不断提升，整车生产由 2015 年的 38000 台到 2016 年的 58327 台，虽然增长了 53.5%，但比计划 70000 台少生产 11673 台，只完成了计划的 83%，主要原因是变速箱、发动机等关键零部件供应不上，限制了整车生产产能，离 2018 年年产 15 万台的目标更是距离较大。

（二）产业链招商跟不上产业要求

今年来，我市招商引进的项目中，劳动密集型、传统产业、中小项目居多，汽车产业关联度强、投资额度大、科技含量高的好项目、大项目较少。招商引资管理部门、工业发展主管部门没有对国内的汽车产业、需求量深入分析，没有对我市汽车产业的发展状况深入研究，对于汽车产业链条没有完整的认识和未雨绸缪的措施，导致变速箱、发动机等关键零部件短缺成为长丰猎豹整车生产的瓶颈。加之环境不优、项目落地难、融资难、招工难、用地难、物流成本高等问题使得汽车产业链招商跟不上汽车产业发展的要求。

（三）招商引资信息跟不上形势要求

走访中，我们详细调研了长丰沙发公司近年来的发展状况，深感信息不对称是汽车产业招商的短板。

长丰汽车沙发有限责任公司成立于 1997 年 10 月，属中方与港澳台合资企业，注册资本 4615 万元，投资总额 6500 万，总资产 4.07 亿元。原股东股权结构为：湖南长丰汽车零部件控股有限责任公司（国有）占 52%；台湾信昌集团旗下的香港明芳工业股份有限公司持股占 35%；台湾信昌集团旗下的海南明芳机械有限公司占 13%。先后荣获“国家高新技术企业”“湖南省质量管理奖”“湖南省名牌产品”等省、市荣誉三十余项。2016 年公司产销各类汽车座椅 81144 台，同比增加 41113 台，增幅 102.7%；实现主营收入 2.66 亿元，同比增加 1.32 亿元，增幅 99%；实现利润总额 860 万元，上缴税费 1976 万元。为推动企业真正走向市场，2016 年 12 月，长丰沙发进行资产重组和改制，台湾信昌集团旗下的香港明芳工业股份有限公司出资 4761 万元，其中，受让股权投入 3601 万元。改制后，香港明芳公司持股 87%，海南明芳机械有限公司 13%。为进一步拓展猎豹汽车以外的配套业务，实现股东投资利益最大化，激发持股团队创造力和积极性，公司将通过引入核心团队持股，使所有权和经营权统一，拟吸收由长丰沙发核心团队成立的永州长丰泓业部件有限公司为公司新股东，对长丰沙发增资 1538 万元，使公司注册资本从 4615 万元增资到 6153 万元。增资扩股后，股权结构变更为：香港明芳工业股份有限公司持股 65.25%，永州长丰泓业部件有限公司持股 25%，海南明芳机械有限公司 9.75%。

在调研中，我们得知，为配合长丰猎豹整车产能提升至 15 万台/年，公司将通过以汽车座椅产业链项目为平台进行扩能升级；计划在五年内按照“一次规划、分步实施”的原则，在经开区新增用地 100 亩用于企业的扩能改造，购地建厂将投入资金 3000 万元；公司通过实施纵向一体化战略延伸制造深度，还将引进智能制造座椅骨架、扩张发泡、车缝 4 个项目，需分别投入资金 1000 万元、800 万元、1000 万元，预计需投入资金总额 5800 万元左右；另外通过实施多元化经营战略，还可以引进汽车天窗制造等项目或企业。如果这些项目引进、落地后，同时可以延伸铝合金、发泡材料、皮料加工、汽车玻璃等项目或企业。一个长丰沙发公司的生产经营发展情况就释放了以上这些招商引资信息，如果这些项目都能被我市引进，将带来较大的社会效益和经济效益，成为我市可持续财源。

三、强化产业链招商，培植可持续财源

如何发挥长丰猎豹汽车及产业现有的优势，围绕这一主导产业及配套的零部件产业，有针对性地开展补链、延链、强链招商，巩固和培育

新型骨干企业和支柱财源，把长丰工业园培育成产业洼地、企业洼地、财源洼地，是当前急待着手的工作。

（一）深化认识，抢抓机遇

汽车产业是国民经济重要的支柱产业产业链长、关联度高、就业面广、消费拉动大，在国民经济和社会发展中发挥着重要作用。随着汽车工业的发展，各地纷纷把汽车零部件产业作为经济发展的重点，也有越来越多的整车生产企业开始重视周边的零部件供应链环境。因此，围绕暂时仍为我市优势产业的汽车产业，我们对零部件生产企业的发展壮大和招商引资应有深刻的认识，才能抢抓长丰猎豹汽车二次腾飞的机遇，大力发展我市汽车产业，培植可持续财源。一是抓零部件生产企业招商，提高汽车整车生产能力。就目前来看，国内自主品牌汽车企业中能够具有发动机和变速箱生产能力的企业很少，拥有发动机和变速箱生产能力的自主品牌企业也不多，作为核心部件发动机和变速箱的供应成为制约汽车整车行业发展的普遍因素。长丰猎豹汽车如果不能解决这两项关键零部件的供应问题，就没有核心的竞争优势，未来市场的竞争将十分被动。二是抓零部件生产企业招商，延长现有的汽车产业链。汽车零部件的价格和供应与汽车整车企业关联度十分密切，零部件涨价和供应短缺将导致汽车整车企业十分被动，而依靠进口或者购买零部件的整车企业，盈利能力将严重削弱。随着汽车产业的发展，整车制造企业对零部件供应商的要求也更加严格，因此抓汽车零部件企业招商，建设以汽车整车制造为主的汽车关键零部件产业集群，增强零部件的研发和生产能力是长丰猎豹汽车产业链发展的关键。三是抓零部件生产企业招商，培植壮大汽车产业财源。据分析，汽车产业链的利润分配约为5∶3∶2，即零部件企业约占汽车产业链总利润的50%，整车生产企业约占30%，从事汽车贸易者约占20%。但由于国内零部件企业众多、集中度不及整车、议价能力不强，因此，零部件企业的平均投资回报率低于整车。我们狠抓汽车零部件生产，特别是核心零部件生产，不但能留住壮大汽车产业链的龙头整车生产企业，也能吸引更多的零部件生产企业落户永州，延长已有的汽车产业链，使我市的汽车产业变得更加优势、强势，同时也能提高我市汽车产业社会效益和经济效益，培植壮大我市财源税源。

（二）强化措施，招商与财源建设并举

一是建立通道，扩大招商信息受众。招商引资管理部门。应该与企业建立有效、快捷的信息沟通渠道，建立完善的汽车产业招商项目库。利用政府或者园区已有的信息平台，建立招商引资信息快捷通道，定时发布项目、资金需求、供应信息，扩大信息受众面，引导汽车产业链上各环节零部件企业落户永州。二是明确目标，开展产业链招商。长丰猎豹新产品研发和技改项目完成后，2018 年将达到 15 万台整车生产能力。随着长丰猎豹汽车生产能力的扩张和国内汽车行业的壮大，汽车零部件的需求也在同步增长，汽车配套产业的财源税源也越来越富有含金量。我们应该依托长丰猎豹汽车这一优势企业，认真梳理汽车产业在国际、国内的分布图，并长期跟踪了解整车生产的需求，认真编制招商引资产业规划，按图索骥，明确招商目标，成立招商引资项目评审委员会，定期对招商引资项目的信息进行研判、评审，有针对性地开展招商引资、项目对接。把汽车产业发展成为一条优势产业链和源源不断的财源。三是重点突破，注重招商与财源建设并举。根据国务院《节能与新能源汽车产业发展规划（2012—2020）》要求，加快培育和发展节能与新能源汽车产业，采用先进内燃机、高效变速器、轻量化材料、整车优化设计以及混合动力节能技术、新能源汽车等将是近期发展重点，因此，注重招商与财源建设并举，以引进新能源汽车为龙头重点突破，注重引领新能源汽车的动力电池、电机、汽车电子、先进内燃机、高效变速器等产业链招商项目入驻永州，才能加快我市汽车产业转型升级，加强我市汽车产业的竞争优势，培育我市新的经济增长点，培植我市中长期内不会枯竭的财源。

（三）加强领导，落实责任

我们看到汽车配套产业的前景，看到长丰猎豹发展速度对配套产业的需求，看到产业链招商对培植可持续财源的作用，看到形成汽车产业链对永州市经济增长的拉动作用，就应该加强领导、落实责任，全面推进汽车产业链招商专项行动。一是建立目标责任制。建立汽车产业链招商与财源建设项目行政首长负责机制，明确一名市级领导挂帅，跟踪联系调度；建立汽车产业招商与财源建设目标责任制，明确牵头单位和参与单位，将各环节责任目标明确到单位，依托长丰猎豹汽车、长丰沙发等优势企业，通过上下延伸，左右扩展，不断挖掘和衍生新的项目，使单个汽车零部件生产企业向汽车整车项目集聚延伸，财源、税源登上新的台阶。二是锁定目标客商招商。以长丰沙发公司汽车座椅等零部件生产产业链项目为重点，由市领导带队，率领相关部门与台湾信昌集团及相关零部件生产客商对接、洽谈，尽快引进汽车座椅骨架、发泡、车缝、汽车天窗等零部件生产项目，为我市汽车产业链招商引资、培植财源提供可复制的模式和经验。三是促项目落地达产。建议市政府围绕汽车产业链招商与财源建设，在审批环境、项目落地、融资、招工、用地、物流成本、优惠政策等方面给予支持、提供优质服务，高位推进。对签约的项目要及时跟进，促使落地开工；对开工的项目要提升项目建设质量。完善招商与财源建设项目督查、考核、奖励机制，把优势资源向汽车产业、汽车零部件企业集聚，加快汽车产业招商项目达产达效，成为我市可持续增长的新财源，形成新的经济增长点。

（永州市财政局综合科科长）

图书在版编目（CIP）数据

解放思想　实干兴永 ：永州财政探究 / 李清泉主编．— 湘潭 ：湘潭大学出版社，2018.10
ISBN 978-7-5687-0267-6

Ⅰ．①解… Ⅱ．①李… Ⅲ．①地方财政－研究－永州 Ⅳ．①F812.643

中国版本图书馆 CIP 数据核字（2018）第 229951 号

解放思想　实干兴永
——永州财政探究

JIEFANG SIXIANG SHIGAN XINGYONG YONGZHOU CAIZHENG TANJIU

李清泉 主编

责任编辑： 姚海琼 王亚兰
装帧设计： 崔　婷
出版发行： 湘潭大学出版社
社　　址： 湖南省湘潭大学工程训练中心
电　　话： 0731-58298960 0731-58298966（传真）
邮　　编： 411105
网　　址： http://press.xtu.edu.cn/
印　　刷： 长沙鸿和印务有限公司
经　　销： 湖南省新华书店
开　　本： 787 mm×1092 mm 1/16
印　　张： 14.25
字　　数： 205 千字
版　　次： 2018 年 10 月第 1 版
印　　次： 2018 年 10 月第 1 次印刷
书　　号： ISBN 978-7-5687-0267-6
定　　价： 42.00 元